한 번 뿐인 인생 긍정 에너지로
내 안에 나 자신의 보물섬을 깨워
더 행복한 삶 누리시길 응원 드립니다.

....님께

....드림

내 안에
나를 깨우는
"긍정 에너지"

내 안의 나를 깨우는
긍정 에너지

여니 윤수연 지음

프롤로그

1. 과거시간을 거슬러

2. 나를 마주하는 시간

3. 다시 일어나는 힘

프롤로그

나는 왜 이 책을 쓰는가?

왜 나는 이 책을 쓰는가. 나는 스스로에게 이 질문을 수없이 되물었다. 결국 그 답은, 내가 지나온 모든 시간 속에 있었다.

한 번 뿐인 인생에서 우리는 순간순간 선택의 갈림길에 선다. 때로는 해야만 하는 선택 앞에서 망설이고, 또 때로는 결과를 감당해야 한다는 걸 누구보다 잘 알기에 두려움과 마주한다.
나 또한 지난 삶의 시간 속에서 잘된 선택도 있었고, 쓰러지고 후회했던 순간들도 있었다. 그러나 그 모든 경험 안에는 반드시 하나의 교훈이 있었다. 그 깨달음들이 지금의 나를 일으켜 세웠고, 다시 나아가게 만들었다.

삶의 갈림길에서 늘 두 개의 목소리가 충돌한다.
"할까, 말까?"
"갈까, 말까?"
이 단순한 질문 뒤에는 부정의 스위치와 긍정의 스위치가 숨어 있다.

부정의 스위치를 누르면 의심과 불안, 포기의 이유만 떠오른다. 하지만 긍정의 스위치를 선택하는 순간, 비록 길이 보이지 않아도 해결책을 찾는 태도와 도전할 용기가 우리를 한 걸음 앞으로 이끈다.

"나는 할 수 있다"는 자기 확신은 때로 인생 전체의 방향을 바꿔놓는다.

우리를 가장 가로막는 것은 세상이 아니라 내 안의 두려움이다. 그 두려움이 용기로 변하는 찰나, 변화가 시작되고 기적은 현실이 된다. 세상이 아무리 빠르게 변해도 흔들리지 않는 힘은 외부에 있지 않다.

가장 값진 부(富)는

'나만이 가진 강점'을 발견하고, 그것을 시대 속에서 유연하게 활용할 줄 아는 데서 나온다.

누구의 내면에나 아직 펼쳐지지 않은 잠재력이 존재한다. 그 잠재력은 긍정의 에너지를 깨우고, 작은 행동으로 실천할 때 빛을 얻는다. 긍정을 선택하는 순간, 삶은 풍요로워지고 마음은 단단해진다. 그리고 그 변화는 거창한 결심에서 시작되지 않는다. 단지 내 안의 긍정 스위치를 살포시 눌러보는 작은 선택에서 시작된다.

요즘처럼 급변하는 세상에서 살아남는 특별한 힘은 결국, 내 안의 나를 일깨우고, 두려움을 용기로 바꾸며, 가장 나다운 방식으로 강점을 살려 나오는 마음의 근력이다.

이 책은 그 여정을 담았다.
그리고 이 글을 통해 누군가가 자신의 가능성을 다시 믿고, 흔들리는 오늘을 버티고, 다시 한 번 자신만의 길을 걸어갈 용기를 얻기를 바란다.

이 책이 당신의 긍정 스위치를 켜는 작은 불씨가 되기를 간절히 소망한다.

2025년 11월 여니윤수연

1. 과거의 시간을 거슬러

과거의 시간 속에서 깨우치는 교훈들
'좋았다면 추억, 나빴다면 경험'

반대로 살아보리라

나는 전주 한옥마을, 향교 옆 작은 집에서 태어났다.

"쑥대머리~ 얼씨구!"

판소리를 잠꼬대로 하던 우리 아버지.

"먼저 인간이 되거라! 산은 산이요, 물은 물이로다!"

자연을 스승 삼고, 늘 긍정을 말하는 한국화가 백당 윤명호 화백. 이에 반대로 엄마는

"예술이 밥 먹여줘요? 돈이 되는 일을 해야 우리 식구가 살죠!" 늘 경제적인 걱정이 많았던 엄마는 하숙생들을 돌보며 생계를 책임지셨다. 그 틈에서 우리 삼 남매는 작은 방에 몸을 부비며 살았다.

어느 날, 초등학교 3학년이었던 나는 용기 내어 말했다.

"엄마, 우리도 전주 한옥마을에 있는 칼국수집에 가보면 안 돼요?" 그렇게 태어나 처음으로 외식을 했다.

엄마는 말했다.

“이거 다 먹어야 또 온다!”

나는 또 오고 싶었다.

배가 찰 때까지, 목이 막힐 때까지 국물 한 방울 남기지 않고 먹었다. 그 날 이후, 내 위장은 늘어난 듯했고, 먹어도 먹어도 배가 부르지 않는 폭식증이 시작되었다.

나는 점점 뚱뚱해졌다.

친구들은 내 이름 대신 "돼지 삼인분"이라 놀렸고, 늘 구부정한 자세로 말 한마디 못 하는, 요즘 말로 왕따, 찐따가 되어갔다. 존재감 없는 먹보 돼지. 그게 중학교 3학년 겨울까지의 나였다.

그런데, 우연히 반짝이는 플루트를 보았다.

‘어, 저건 뭐지?’

처음으로, 먹는 것 이외의 것에 관심이 생겼다.

"엄마! 나도 저거 하면 안 돼?" 하지만 엄마는 단호했다.

"그건 부잣집 애들이나 하는 거야."

나는 한숨 쉬며 고개를 끄덕였다.

‘아, 나는 가난하지…’ 그렇게 쉽게 포기하는 듯했다.

하지만 이상했다. 며칠이 지나도 그 반짝이는 플루트가 머릿속에서 떠나질 않았다. 그래서 아버지를 찾아갔다.

아버지는 아무 말 없이 나를 바라보시더니, 지인을 통해 악기를 구해주셨다. 그리고 내 손을 꼭 잡고 플루트학원으로 데려가셨다. 그 순간, 나는 아버지의 옆모습을 가만히 바라보며 결심했다.

‘내가 커서, 이 은혜를 꼭 갚아야지.’

플루트 선생님이 말씀하셨다.

"집에 가서 거울을 보고 연습해."

나는 처음으로 거울에 비친 내 얼굴을 제대로 들여다보았다. 그 때 까지 몰랐다. 내 안에 또 다른 내가 있다는 것을.

플루트를 연습하기 위해 마우스피스만 입술에 대고, 거울 가까이에서 입술 모양을 관찰했다.

그러다가 문득 ‘어…? 저기 또 다른 내가 있네?’

뚱뚱하고, 자신 없고, 초라한 나. 평생 이렇게 살아야 할까? 거울 앞에서, 나 자신과 끊임없이 대화했다.

묻고 또 물었다.

“너는 누구냐?”

“나는 누구지? ”

“내가 원하는 건 뭐지?”

“나는 어떤 사람인가? ”

“너의 미래는 어떨것같아?”

고민고민 했다. 지금 이 모습과 성격으로 내 미래는 너무 암담한 듯 했다 .내가 살아갈 날이 아직 많은데 지금처럼은 살기 싫어! 그리고 마침내 결론을 내렸다.

그래, 결심했어. 반대로 살아보자!

끝난 것이 끝이 아니었다

비닐로 온몸을 감쌌다. 신나는 음악을 틀어 놓고 거울을 보며 막춤을 췄다. 땀이 흥건히 찰 정도로 매일 춤을 추었다. 그렇게 두 달을 춤을 췄다. 몸이 가벼워졌다.

체형도 달라졌다. 무엇보다 거울 속 내 모습이 달라져 보였다.

"그래! 진짜 적극적으로 살자!"

"그리고 전 세계 친구도 내가 만들 거야!"

그 순간, 내 인생을 바꿀 다짐을 했다.

고등학교에 입학하면서 완전히 새롭게 시작하고 싶었다. 체육대회 응원단장을 뽑는다고 했을 때, 손을 번쩍 들어 내가 하겠노라고 하면서 부터 적극적인 나로 살아가기로 마음먹었고 공부도 열심히 해서 선생님께도 이쁨 받는 학생이 되고 싶었다.

첫 시험에서 준비는 치밀하게 했고 왠지 자신이 있었다. 문제들도 익숙했고, 신나게 답을 적어 내려갔다. 하지만 OMR 카드에 이름만 적고 피곤함에 잠들어 버렸고, 결국 백지 답안지를 제출하는 대참사가 벌어졌다.

결과는 전교 꼴찌. 그 당시는 성적순으로 자리를 앉았는데 난 휴지통 맨 뒷자리였다. 공부를 잘하는 아이와 내가 같은 실수를 해도 나만 유독 혼이 났다.

현실이 너무 억울했다. 억울하고 분한 마음을 삐뚤어지게 생각하며 그냥 쉽게 학교생활을 포기했다. 그 때 다시 학업을 열심히 이어 나갔으면 지금 이 모습이 아닐수도 있겠지. 하지만 내 마음은 부정적 이였고 '외모만 잘 가꿔서 부잣집으로 시집 가야지' 라는 생각으로 하루하루를 그냥 그냥 보냈다.

고등학교 졸업 때 나는 거의 꼴등에 가까운 성적으로 졸업을 하고 방황하는 중, 어느 날, 대학에 간 친구를 우연히 만났고, 그 친구의 한마디가 내 인생을 뒤흔들었다.

"야, 너 아직도 그러고 사냐?"

순간, 둔기로 머리를 세게 얻어맞은 느낌이었다.

"내가 예전보다 반대로 살면 애들이 날 무서워하고 강해질 줄 알았는데 이건 뭐지?"

그 날 집에 돌아와 거울을 다시 들여다보았다. 오랜만에 예전처럼 거울 속 나 자신과 대화했다. 성격만 바뀌면 내 인생이 달라지는 줄 알았는데, 그렇지 않다는 것을 깨달았다.

한참을 내안에 거울과 다시 대화를 하는데, 그 순간, 고등학교 국어 선생님께서 말해 주셨던 성공의 6가지 키워드가 떠올랐다.

'꿈, 끼, 깡, 꾀, 꼴, 끈.'

"그래 내가 수업시간 졸다가도 이런 수업 외적인 이야기를 해주면 벌떡 일어나 듣곤 했었지"

"그래 이거 6개를 확실히 알고 행동하면 성공한다고 했었지?"

나는 노트를 꺼내 적었다.

"내 꿈은 뭐지?"

"돈 많은 집에 시집가는 것?"

"그럼 어떻게 해야 할까?"

깊이 고민한 끝에, 의대생과 만나려면 음대에 가야겠다는 결론에 도달했다. 사실 음대에 가려면 부모님의 지원으로 어릴적부터 제대로 레슨을 받아야 하는 현실이였지만 난 무모하게 오기 하나로 전아선 플루트 선생님을 무작정 만나러 갔다.

"선생님! 저를 가르쳐 주세요."

"음대에 들어가서 아르바이트를 해서 돈을 벌면 레슨비는 그 때 후불로 드릴게요."

너무 용감한 내 눈빛에 선생님은 승낙을 해주셨고, 그런 나를 정성껏 가르쳐 주셨다.

딱 1년, 딱 1곡(모짜르트 313번 콘체르토 1악장)입시곡을 정말 열심히 연습했다.

공부 역시 마찬가지였다. 고등학교 1학년 때 중간고사를 준비했었던 것 빼고 처음으로 하는 공부라서 전혀 이해할 수 없었다.

"이 많은 과목을 언제 다하지?"

불가능했다. 할 과목은 너무나도 많았고 난 선택을 해야만 했다.

'할 수 있는 것'과 '할 수 없는 것'을 나누어 적고, 할 수 있는 것에 최대한 집중했다.

공부를 막 시작하고 첫 시험을 보는데 문제의 내용도 이해 할 수 없었고 그래서 그냥 마구잡이로 답을 찍었다.

그러면서도 하나씩 차근차근 집중하면서 공부에 집중했다. 3개월 후에는 문제를 어렴풋이 이해할 수는 있었지만 결과는 역시나 똑같이 다 틀렸다. 다만, 답은 틀렸지만 문제가 조금씩 이해가 되면서 왜 틀렸는지 오답 정리에 시간을 많이 쓰기 시작했고 그러면서 내가 왜 틀렸는지를 확인할 수 있었다, 시간이 지난 후 틀렸던 문제가 다시 나왔을 경우 난 어떤 방식으로 문제를 해결할 것인지 분석하기 시작했다.

나는 "똑같은 실수는 하지말자" 라고 계속 다짐하며 연구하며 공부에 집중했다. 6개월 후 점점 답을 맞추는 확률이 늘어나기 시작했다.

그렇게 노력한 끝에 진짜 수능을 본 날 내 생애 최고의 점수를 받았다.

"와! 진짜 포기하지 않고 노력하니 되긴 되네"

싶었다.

졸업한 고등학교에 가서 내 성적표를 보여주자 옛 담임 선생님은 깜짝 놀라며 말했다.

"전교 꼴찌였던 네가 이 점수를 받았다고?"

믿기 어려운 표정을 지으신 고등학교 3학년 때 담임 선생님의 얼굴 이였다.

"기특하네"

"필기 점수가 좋으니 실기보다 필기 비중이 높은 사범대학으로 지원 해보는게 어떻겠니?"

나는 망설임 없이 지원했고, 내심 자신이 있었다.

하지만 예비 소집일 당일 내 경쟁자들은 멋진 무스탕을 입고, 고급 승용차를 타고와서 금빛 플루트를 꺼내어 연습하는 모습을 보고 나는 절망했다.

"나는 절대 합격할 수 없어."

"악기부터도 난 창피해서 꺼내지도 못하겠네."

그렇게 집에 돌아와 모든 걸 포기한 채 이불을 덮어쓰고 잠들었다.

아침이 되어 엄마는 나를 깨우며 말했다.

"오늘 그 퉁소 불러 가는 날 아니냐고?"

(엄마는 플루트라는 용어를 몰랐다)

"나 시험 보러 안 갈 거야!"

"이번에 경쟁률도 센데 다들 악기도 좋고 모두 잘하는

것 같아. 난 해보나 마나 분명 떨어질 거야!"

엄마는 단호한 어조로 말했다.

"왜 해보지도 않고 포기하니?"

"이 보온병 물 한 모금 마시고 '나는 할 수 있다' 세 번 외치고 가서 불어버려."

사실 매일 하숙생들에게만 관심을 두었던 엄마가 나는 계모인가 싶을 때도 있었지만, 그때 처음으로 엄마가 진심으로 나를 응원 해주는 느낌을 받았다.

다시 용기를 내어 시험장에 갔다. 운명처럼 그 해는 플루트 지원자가 너무 많아 심사위원들이 원래보다 짧게 종을 치셨다.

"하늘이 도왔나?"

5장을 연주해야 하는데 딱 2장 내가 가장 자신 있는 부분까지만 연주하게 되었다.

실기장을 나오면서

"혹시 떨어지더라도 난 진짜 후회없다."

몇일뒤 겸허히 발표를 기다렸다. 그리고 발표 날, ARS로 수험번호를 입력했지만

'합격자 명단에 없습니다' 라는 안내가 나왔다.

"그럼 그렇지, 내가 무슨 음대야....."

1년 동안 플루트와 공부에 바짝 몰입해보니, 왠지 내가 사람이 된 듯한 느낌이 들었었다. 그러자 곧 주제 파악이 되기 시작했다. 그동안 책이나 기타 등등, 필요한 것들을 구입하느라 엄마 모르게 엄마 돈을 갖다 썼기 때문에 죄

책감도 많이 들었다.

"빨리 꿈 깨고 어디 공장이라도 들어서 돈이라도 벌어야겠다." 라는 생각을 가지고 모든 것을 포기하는 심정으로 집에 돌아왔을 때, 큰오빠가 나를 보면서 소리쳤다.

"어디 갔다가 이제 오냐? 너 합격했대!"

알고 보니 ARS 입력을 잘못해서 엉뚱한 번호를 조회했던 것이었다. 다시 확인하자 '합격입니다' 라는 메시지가 떴다. 나는 바닥을 구르며 꺽꺽 울었다. 그때 깨달았다

"끝난 게 끝난 게 아니다."

나는 그 해 가장 치열한 경쟁률을 뚫고 기적처럼 음대생이 되었다.

내 삶은 누가 만드는 것이 아니라
내가 새로 창조한다.

때론 생각치 않았던 길이 내 길이 된다.

나는 그 해 가장 치열한 경쟁률을 뚫고 음대에 합격했다. 하지만 기쁨도 잠시, 입학하자 마자 선배들의 시험대에 올랐다.

"신입생 실력을 좀 볼까?" 하며 내민 악보.

나는 당황할 수밖에 없었다. 운 좋게 한 곡만 연습해 간신히 합격한 터라, 그 곡이 아니면 제대로 연주할 자신이 없었다.

결국 실망한 선배들은 "너, 얼마주고 들어왔냐?"라며 비아냥댔고, 나는 하루아침에 '부잣집 딸이 돈으로 부정 입학한 학생' 취급을 받기 시작했다.

하지만 사실, 나는 플루티스트가 될 생각도 없었다.

목표는 따로 있었다. 의대생을 만나 결혼해 의사 부인이 되는 것. 그러니 학교생활에 큰 미련이 있을 리 없었다.

대신 생활비와 등록금을 벌기 위해 각종 아르바이트를

전전했다. 출석만 겨우 챙기던 내 별명은 '바람과 함께 사라지다' 였다. 하지만 그 시간도 헛되지는 않았다.

세차장, 커피숍, 웨딩헬퍼, 의류점원, 햄버거가게, 방송국 방청객, 선거유세, 호프집, 식당서빙 등 다양한 사람과 만나고 다양한 일을 하며 사회성이 길러졌고 어떤 상황에서도 유연하게 대처하는 법을 배웠다.

그렇게 대학 3학년이 되었을 때, 대학 조교님이 나를 불렀다.

"초등학생 정도는 가르칠 수 있지?"

처음으로 플루트 레슨 요청이 들어온 것이었다.

떨리는 마음으로 찾아간 학생의 집. 학부모님은 따뜻한 차와 과일까지 정성껏 내오며 나를 반갑게 맞이했다.

나는 학생이 쉽게 이해할 수 있도록 플루트의 원리를 재미있게 설명하며 레슨 시간을 보냈다. 사실 난 짧은 시간 플루트을 속성으로 합격한터라 내 나름대로 원리를 이해하고 책에 없는 새롭고 재밌는 내용으로 학생에게 쉽게 설명할 수 있었다.

무엇보다도 온갖 사회성과 유연성에 반사적으로 친절도 몸에 베인 것이다

"선생님 고마워요!"

학부모님과 학생은 첫 레슨에 만족한 분위기였다 .

왠지 선생님 소리를 들으니 진짜 선생님이 된 듯한 기분이 들어 매우 좋았다.

그런데, 레슨을 마치고 돌아오는 길. 레슨비 봉투를 열어본 순간, 나는 깜짝 놀랐다. 지금껏 해왔던 아르바이트보다 무려 10배나 많은 금액이 들어있었다.

그 순간, 마음속에 확신이 들었다.

"그래 바로 이거야! 이 길이 내 길이다!"

하지만 플루트를 가르치려면, 내가 먼저 제대로 연주할 수 있어야 했다. 그 때부터 연습실을 찾았고, 우연히 마주친 선배는 비아냥거렸다.

"네가 웬일이냐, 연습을 다 하고?"

나는 아무 말 없이 연습에 집중했다.

약 3개월이 지나자, 선배들은 말없이 고개를 끄덕였다.

그리고 6개월이 지나자

"넌 줄 알았다" 라는 말과 함께 인정하는 듯 했다.

그 때 깨달았다. 무슨 일이든 꾸준히, 최소 6개월은 해야 습관이 되고 성과가 보인다는 것을...

처음에는 플루트 선생님이 될 것 이라고는 상상도 못 했다. 하지만 시간이 지나면서 제자들이 하나둘 생겨났고, '선생님' 이라는 호칭을 들을 때마다 묘한 뿌듯함이 밀려왔다.

어느새 나는, 단순한 아르바이트를 하며 하루를 보내는 내가 아니라 '사명감' 을 가진 진짜 플루트 선생님이 되어 있었다.

눈치 보지 마! 일단 해보는 거지

플루트 선생님으로 입소문이 나기 시작하면서 나는 기동성을 생각해 조그만한 차도 할부로 구입해서 돌아다녀야 할 정도로 바쁜 나날을 보냈다.

대학 4학년, 졸업을 앞둔 해는 내게 벅찬 감정으로 가득 차 있었다. 그 누구보다 열심히 달려온 나 자신에게 의미 있는 마무리를 선물하고 싶었다. 그래서 난 홀로 독주회를 준비했다. 독주회를 연다고 하자, 여기저기서 속삭이는 소리가 들려왔다.

"유학 갔다 온 사람이나 스펙이 화려한 사람이 하는 거지, 네가 무슨 독주회야?"

하지만 그 비아냥에도 나는 아랑곳 하지 않았다.

"나는 정말 힘들게 등록금을 벌었고, 플루트 선생님이라고 불리며 졸업까지 했어."

"관객이 없어도 괜찮아."

"할 수 있는 데까지 해보자!"

낮에는 레슨을 하며 틈틈이 직접 포스터를 붙였고, 밤에는 연주해야할 곡을 틈틈이 연습했다. 결국 무리가 왔는지, 연주 당일 리허설 직전 병원으로 직행, 링거까지 맞아야 했다.

지칠 대로 지친 몸으로 무대에 섰지만, 조명이 켜지고 관객의 박수가 들리는 순간, 기적처럼 없던 힘이 솟구쳤다. 연주가 시작되자, 마치 꿈처럼 모든 것이 흘러가고 첫 독주회를 무사히 마칠 수 있었다.

그때 난 확신했다. '간절히 바라고 도전하고 노력하면, 결국엔 해낸다는 것' 을.

독주회를 마친 후, 대학 스승님이신 이승호 교수님을 찾아뵈었다. 교수님은 지나가는 말처럼

"듀엣 콘서트를 같이 해볼까?" 라고 말씀 하셨고

나는 이 기회를 놓치고 싶지 않았다.

"이렇게 유명한 교수님이 나와 듀오 콘서트를 하자고 하는게 얼마나 영광이야. 지금 교수님이 함께 하자고 말씀하실 때, 모든 걸 뒤로하고 빨리 날부터 잡아야 해!' 라는 생각이 들었다.

"교수님, 연주 일정 언제로 잡을까요?"

내 적극적인 태도에 교수님은 잠시 당황하신 듯했지만, 흔쾌히 날짜를 정해 주셨다.

연주 날짜가 다가올 무렵, 전주 MBC에서 연락이 왔다.

"[문화초대석]이라는 방송프로그램에서 촬영하고, 녹화본을 보며 인터뷰도 진행하고 싶습니다."

나는 순간 "이게 웬 떡이야?" 싶었다.

촬영비를 아낄 수 있다는 생각에 흔쾌히 수락했다.

연주회를 무사히 마친 며칠 후, 교수님과 나는 방송국에서 인터뷰를 진행했다. 방송 녹화를 마치고 돌아가려는데, 진행을 맡았던 테너 최동규 교수님이 내게 갑작스러운 제안을 하셨다.

"윤 선생님, 우리 학교에 출강해 주시면 어떨까요?"

"네? 저는 이제 막 대학교를 졸업했는데요?"

"제가 대학 강의할 자격이 되나요?."

"우리 학교에는 윤 선생님처럼 열정적인 강사가 절실히 필요합니다."

"제가 학과장 직책을 맡고 있어 모든 걸 책임질 수 있으니, 대신 윤선생님은 대학원부터 진학하세요."

옆에 계시던 교수님도 고개를 끄덕이셨다.

그렇게 난 생각지도 않게 음악대학원에 진학하게 되었다.

어느새 대학에서 '교수님' 이라 불리며 강의하고, 한편으로는 대학원생으로 학업을 이어갔다. 음악을 하리라곤 생각지도 못했지만, 하다보니 인정 받게 되었고, 인정 받으니 점점 더 즐거워졌다.

드디어 대학원을 졸업했다.

"이제 끝났구나" 싶었는데, 이번에는 프로필에 외국 디플롬이 필요하다는 이야기가 나오는 것이었다.

"내가 벌어 등록금과 생활비를 감당하는 형편에 무슨 외국 유학이란 말인가?" 처음은 말도 안 된다 생각했다.

하지만 곰곰이 다시 생각했다.

"돈은 갔다 와서 벌면 돼."

"이 시간은 다시 돌아오지 않아."

"이건 기회야. 빚을 내서라도 무조건 가자!"

처음 타본 비행기. 출발할 때는 먹구름이 가득했지만, 비행기가 구름을 뚫고 올라가는 순간 찬란한 태양 빛이 나를 감쌌다.

"「실패할 사람은 구름 아래의 비를 보고, 성공할 사람은 구름 위의 태양을 본다」더니, 아! 이거구나"

내가 만약 소극적인 삶을 계속 이어 왔더라면 이런 기회는 나에게 찾아오지 않았을 것이다.

38세 내 인생 꿈 같은 시간들

대학에 출강하며 강의와 여러 활동을 이어가다 보니, 제자들도 제법 많아졌다. 그들과 함께 또, 다양한 아티스트들에게 함께 멋진 무대를 만들어 주고 싶었다.

그런 마음으로 2007년

「음악으로 들려주는 행복한 세상」

이라는 타이틀로 「해피투게더 앙상블」을 창단했다.

그 전까진 수많은 무대에서 주체할 수 없을 정도로 많은 꽃다발을 받았었다. 하지만 어느 순간 이런 생각이 들었다.

"축하 꽃다발을 한 두 개만 있어도 되는데 만약 쌀이나라면 이었다면 어려운 이웃을 도울 수도 있지 않을까?"
라는 작은 깨달음이 있었고 곧 그것이 나눔의 시작이었다. 그래서 이번엔 단순한 연주회가 아닌, 음악으로 행복을 전하고 함께 나누는 무대를 만들어 보기로 했다.

공연을 준비하며 왠지 모르게 '내가 더 괜찮은 사람', '착한 사람'이 된 것 같아 기분이 좋았다.

그 때 부터 열린음악회 형식으로 스토리를 구상하고, 관객들에게 불우이웃돕기 나눔을 제안 했다. 그런 형식이 신선 했는지, 2010년 우연히 내 공연을 보신 음악저널 국장님이 인터뷰를 제안하셨다. 그리고 그 해 7월호, 나는 음악저널 커버스토리의 메인 모델이 되었다.

사실 인터뷰를 하면서도 믿기지 않았다.

"유명한 매거진이 왜 나를?"

그때 국장님이 하신 말씀이 아직도 기억난다.

"유명한 아티스트를 소개하는 것도 중요하지만,
새로운 가능성을 가진 아티스트를 조명하는 것도 우리의 일입니다."

직접 내 눈으로 확인하고 싶었다. 모자를 푹 눌러쓰고 예술의전당 서점으로 갔다. 진열된 저널지 속 내 얼굴을 보고, 몰래 몇 권을 샀다.

"진짜 나네... 와우~~."

서울에서 버스를 타고 내려오면서도 믿기지 않았다.
표지모델 사진과 글을 보며 진짜 인가싶어 가슴이 벅차고 눈물이 날 만큼 행복했다.

2010년 7월부터 12월까지, 그 시기는 내 인생에서 가장 반짝이던 시간이었다. 모든 날이 꿈같고, 계속 그런 날이 이어질 줄 알았다.

행복한 세상을 꿈꾸는 교향곡
Happy Together를 외치는 플루티스트
윤현숙

아침햇살에 눈이 부셔도 감사, 그저 살아있음이 감사… 옆을 돌아볼 [illegible] 살아가는 일상을 감사하는 마음 하나, 거기에 음악을 더해 그 삶이 풍요롭고 행복해서 늘 'Happy Together'를 외치고 [illegible]이 있다. 플루티스트 윤현숙이다.

그가 지난 6월 5일 전북대삼성문화회관에서 '음악으로 들려주는 [illegible]' 이라는 주제로 Happy Together Ensemble의 아주 특별한 러브콘서트를 열었다.

연주단체 해피투게더앙상블. 음악을 사랑하는 사람들이 순수한 열정을 [illegible] 일반대중과 더불어 음악으로 행복한 세상을 만들자는 목표로 2007년 플루티스트 윤현숙에 의해 창단된 연주단체다. 그 후 4년 동안 [illegible]회와 가족나들이 음악회, 태교음악회, 시와 음악 콘서트, 러브콘서트 등 다양한 공연을 펼쳐왔고, 그 결과 전북문화권에서는 관객들에게 음악이 가진 즐거움과 행복을 배달하는 연주단체라는 아름다운 이름으로 자리를 잡았다.

〈2010 음악저널 7월호 커버스토리〉

처절한 우울의 늪에서 탈출기

많은 사람에게서 전화가 왔다.

"저 여자를 조심해."

"너에 대해 앞과 뒤가 다른 사람이야! 주변 평도 아주 안 좋아"

그녀와의 인연은 10년 전, 무대 뒤 분장실에서 시작됐다. 화려하고도 화통한 그녀는 나에게 친언니 같은 존재였다. 나는 늘 언니가 있는 친구들이 부러웠기에, 그녀를 전적으로 믿고 따랐다. 그녀가 원하는 것은 무엇이든 하고, 어디든 달려가서 도왔다.

하지만 내가 점점 바빠지면서 상황은 달라졌다. 더 이상 그녀가 부르면 언제든 달려갈 수 없게 되자, 그녀의 질투와 시기가 시작됐다. 겉으로는 여전히 나를 감싸는 천사 같은 모습이었지만, 뒤에서는 내가 더 이상 성장하지 못하도록 온갖 이상한 소문을 퍼뜨리고 다니고 있었다.

어느 날 그 사실을 내 눈앞에서 직접 목격한 순간, 마치 드라마 속 한 장면처럼 온몸이 얼어 붙었다.

“내가 저 사람을 얼마나 믿고 다랐는데…”

철저한 배신의 충격은 이루 말할 수 없었다.

그 때 부터 사람이 무서워졌고, 믿을 사람이 아무도 없다고 느껴졌다. 모든 것이 싫어졌다. 많았던 일도, 사람들도, 음악도. 나는 세상과 단절했다.

우울증의 늪에 빠지면서 삶의 의미가 사라졌다.

삶은 무너져 내렸다.

돌이켜 보면 어처구니 없지만, 당시에는 내 인생을 송두리째 흔드는 커다란 시련이었다. 2년 동안 나는 완전한 어둠 속에서 살았다. 스스로를 가두워 놓은 채 끝없는 나락으로 나락으로 떨어졌다.

비 오는 어느 날, 한 움큼의 수면제 약을 손에 쥐고 생각했다.

“이 더러운 세상아! 다 필요 없어. 이제 가련다.”

자살을 시도했지만 다행인지 빨리 발견되어 응급실로 실려 갔다. 위 세척을 받으며 또 다른 생각이 스쳤다.

“내가 왜 혼자 죽어?”

“저 여자도 죽이고 나도 죽어야지.”

사실 난 법무부 교화위원 임명도 받았던 사람이다 .

“여러분 새 사람 되어야 야죠” 하며 손 잡아준 사람 이였는데, 막상 내가 우울증, 대인기피증, 무기력증 등으로 세상을 포기하니 한 없이 형편 없는 나락으로 빠진 사람이 되어 버렸다. 분노와 절망에 사로잡혔던 그때, 난 특별한 꿈을 꾸었다.

첫 번째 꿈에서는 분노의 대상을 직접 해 했다.

두 번째 꿈은 아무것도 없는 하얀 도화지 같았다.

그리고 마지막 세 번째 꿈

어디선가 환한 빛이 쏟아지고, 아름다운 음악이 들려왔다. 그리고 한 아기가 방긋 웃고 있었다. 난 눈물을 흘리며 잠에서 깼다. 공교롭게도 그날은 내 생일이었다.

어둠 속에서 헤매던 내 안에서 무언가의 스위치가 바뀐 듯했다. 정신이 번쩍들었다. 그리고 갑자기 플루트가 떠올랐다.

"그래, 나에겐 플루트가 있었지."

"그래 넌 날 배신하지 않겠지?"

그리고 미친 듯이 플루트를 불었다.

온 감정을 쏟아내듯, 눈물을 흘리며 한없이 불고 또 불었다. 한참이 지나서야 속이 후련 해졌다. 마음 깊이 맺혀 있던 응어리가 풀리는 느낌이었다.

"왜 내 인생을 저 한 사람 때문에 망쳐야 하지?"

"나 진짜 열심히는 살았잖아 "

"복수는 이렇게 하는 게 아니지."

바로 그 순간, 내 안에서 어둠의 부정 스위치가 긍정의 빛 스위치로 바뀌는 것을 온몸으로 느꼈다.

다시 일어나 더 당당하게, 더 멋지게 보란 듯이 행복하게 살 거다!

비우고 다시 시작하자!

비우고 다시 시작하고 싶었다 !

'윤현숙' 내가 태어나자 마자 주어진 인생 1라운드의 이름, 새롭게 다시 시작하고 싶어 현숙이를 뒤집고 위 아래 받침을 떼어 '수연이' 로 개명했다. 이제 뭐든지 다시 시작 해보자는 결심 이였다.

개명을 위해 법원을 거쳐 동사무소로 서류를 제출하러 가던 날이었다. 길을 걷다 한 아저씨를 보게 되었다.

터벅터벅 걸어가던 그분에게 차가 두 번 경적을 울렸다. 그러자 갑자기 아저씨는 뒤돌아서더니 온갖 욕설을 퍼부으며 차의 보닛을 세차게 내리쳤다. 순식간에 싸움이 벌어졌고, 나는 그 광경을 그저 바라볼 수밖에 없었다.

"아, 저 아저씨도 뭔가 깊은 분노를 품고 있구나."

나는 단번에 알아챌 수 있었다.

나도 그런 감정을 겪어봤으니까.

며칠 후, 우연히 김미경 강사님의 아트스피치 강의를 듣게 되었다. 사실 나는 음악을 전공했고 레슨도 해봤기에, '아트스피치' 라는 개념이 낯설지 않았다. 강의를 들으며 문득

"그래! 나 처럼 상처 받은 이들에게 메시지를 전하는 강사가 되보자!"

강연이 끝난 후 강사분의 책 사인회가 열렸다.

많은 사람이 줄을 서 있었지만, 나는 그 자리에서 내 자신을 시험해 보고 싶었다.

"내가 저 무대에 올라 말을 하고 플루트를 연주할 수 있다면 강사가 될 자질이 있는 거야."

심장이 두근거렸지만 나도 모르게 용기가 나왔다.

플루트를 들고 무대 위로 올라가 큰 목소리로 외쳤다.

"오늘 특별 강연해 주신 김미경 강사님께 큰 박수 부탁드립니다!"

"감사의 의미로 연주를 들려드리겠습니다."

그리고 무반주로 연주를 시작했다.

무대 옆 스태프들이

"저 사람 누구야?" 하며 수군거리는 소리가 들려왔지만, 개의치 않았다. 연주를 마치자 사람들은 나에게 많은 박수를 보내 주었고 강사님께도 정중히 인사를 드렸다. 그러나 사전에 협의가 되지 않은 단독 행동이었기에

"질책을 들을 수도 있겠구나" 라고 생각했다.

그러나 김미경 강사님은 오히려

"잠시 기다려요, 이야기 좀 합시다." 라고 말씀하셨다.

짧은 순간 이었지만, 나는 내가 왜 이 행동을 했는지 솔직하게 말씀드렸다. 그러자 강사님은 웃으며 이렇게 말씀하셨다.

"나보다 더 징허네 징해!"

그리고 당시 진행 중이던 '김미경의 파랑새 장학생' 프로그램을 소개하며 도전 해보라고 권해 주셨다.

그날, 나는 확신했다.

"그래, 나 강의할 거야!"

"그래서 희망을 전하는 사람이 되어볼 거야!"

이것이 바로, 내가 강사가 되겠다고 처음 결심한 순간이었다.

〈2013년 김미경의 파랑새장학생 선정〉

처음부터 누가 잘 해

"처음부터 누가 잘해? 그냥 부딪쳐 보는 거지!"

"그런데 무엇부터 어떻게 시작하지?"

개명 하면서 동사무소를 다니다 보니 공무원 분들의 딱딱한 분위기와 무표정한 얼굴이 떠올랐다.

"공무원 교육을 먼저 하면 어떨까?"

"동사무소에서도 따뜻한 음악이 흐르면 주민들의 감성도 더 풍부해질 거야!" 라는 생각이 들었다.

그래서 무작정 교육원을 찾아갔다. 그러나 교육담당자는 나의 이력서를 보더니 단호하게 말했다.

"여기는 플루트 개인 지도를 하는 곳이 아닙니다."

나는 당황하지 않고 곧바로 답했다.

"학교에서도 영어, 수학, 국어 시간이 있듯이, 감성을 어루 만지는 소양 시간이 한 두 시간 정도는 필요하지 않을까요?" "저에게 한 번 기회를 주세요!"

용기를 내어 꾸벅 인사를 드리고 나왔다.

그런데 얼마 지나지 않아 교육담당자로부터 급한 연락이 왔다. 다른 강사님의 부재로 급하게 지금 당장 올 수 있느냐는 것이었다. 소위 땜빵 이었다.

이렇게 빨리 연락이 올 줄은 몰랐지만, 주저 없이

"지금 출발하겠습니다!" 라고 대답했다.

난 악기 하나만 들고 강의실에 들어갔다.

"처음부터 잘하는 사람은 없어, 그냥 부딪혀 보자!"

내 인생 첫 강의는 전북특별자치도 인재개발원 306호 핵심 리더 과정의 6급 공직자들 이었다.

"이 시간은 내가 넘어야 할 시간이다."

"등줄기에 땀이 흐를 만큼 긴장해 봐야 진짜 시작되는 거다." 스스로 다짐하며 떨지 않으려 애썼다.

첫인사는 연주로 시작했다. 그리고 내가 어떤 이유로 여기까지 오게 되었는지 이야기를 들려 주었다.

점점 감정이 북받쳐 결국 울먹이며 전하고 싶은 메시지를 전달 했다.

"정말 내 진심이 닿았던 것일까?"

마지막으로 "감사합니다!" 라고 인사를 마치자 청중들의 박수가 힘차게 울려 퍼졌다. 그리고 나의 첫 강의를 마치고 가려는데 한 분이 나에게 오셔서 말했다.

"강사님! 저희는 수많은 강연을 들어본 사람들인데, 오늘 강사님의 강의는 정말 인상 깊었습니다."

"그런데 혼자만 말씀하시다 보면 지칠 수도 있고, 청중도 지루해질 수 있어요."

"다음에는 PPT나 영상자료를 활용 하시면 훨씬 더 좋은 강의가 될 것 같습니다."

"강사님의 스토리는 훌륭하고 메시지도 분명하니, 조금만 더 다듬고 경험을 쌓으시면 정말 명강사가 되실 거예요! 저도 용기 내어 말씀드립니다."

그 말이 얼마나 감사했던지!

2013년, 그렇게 나의 첫 강의를 시작으로 강의력을 기르기 위한 공부가 시작되었다.

희망을 전하는 공간의 꿈을 꾸며

2013년, 첫 강의를 해 내며 이를 계기로 완주군 상관면에 위치한 아버지의 화실 옆 공간을 증축해 사람들에게 희망을 주는 공간으로 만들겠다고 결심을 했다.

아버지는 16살에 한국화를 시작해 1980년대 전남대학을 출강 하셨지만 그 당시 혼란의 시기를 떠나 지금 있는 산골 마을로 자리를 옮겨 오셨다. 그렇게 평생 그림에만 몰두한 한국화 초대작가였다. 속세를 떠나 자연 속에서 묵묵히 붓을 드는 아버지의 모습은, 어릴 적엔

"아버지는 왜 엄마만 고생 시키실까?"

"왜 우리집은 이렇게 가난 한걸까?"

투정도 부렸지만 세월이 흘러 이러한 아버지의 모습을 이해하고 같은 예술가로서 깊은 존경과 영감을 받았다.

예술적 작품에 비해 아버지는 비즈니스적이지 못하셨다.

그래서 나는 내가 더 많은 힘을 길러 아버지 전시회도 시켜드리고 매니저 역할을 하고 싶었다. 때마침 아버지는 60주년을 기념하는 전시회를 준비하고 계셨고, 나는 그 곁에서 새로운 힐링 공간 건축의 꿈을 꾸게 되었다.

하나 둘 완성되어 가는 모습을 볼수록 나의 잃었던 자존감도 조금씩 되돌아오고 있음이 느껴졌다.

피겨를 하면서 플루트를 연주하면 어떨까?

2014년 어느 늦은 밤, TV속 소치올림픽 화면에서 김연아 선수의 모습을 시청하게 되었다. 차가운 얼음 위에서 우아하고 당당하게 빛나는 그녀를 보며

"와~ 많이 떨릴텐데 정신력이 정말 강한걸!"

그 생각을 하는 순간 번득이는 생각이 들었다 .

그 당시 '오리진이 되라'의 책을 읽었는데 '세상에 없는 창의적인 것에 도전하라'였다

"유레카!!! " "그래 바로 이거네."

"피겨를 하면서 플루트를 연주하면 어떨까?"

"노력은 절대 나를 배신하지 않을 거야."

왠지 무모하지만 노력하고 포기하지 않으면 이룰 수 있음을 증명해 보이고 싶었다.

다음 날 나는 곧장 링크장으로 달려가 피겨 스케이트화를 샀다. 그 때 나는 마흔 살 인생에서 처음 피겨스케이

팅에 도전한 순간 이었다. 하지만 주변의 반응은 차가웠다.

"그 나이에 피겨를 해?"

"넘어지면 다쳐! 위험해!"

사람들의 말은 날카롭고 무서웠다. 사실 난 얼음 위에서 넘어지는 건 괜찮았다. 진짜 아픈 건 사람들의 시선과 말에서 받는 상처였다.

나는 넘어지고, 또 넘어지고, 다시 일어섰다.

그러던 어느 날, 링크장에서 한 꼬마가 빙글빙글 스핀을 돌고 있는 모습을 보았다. 나는 물었다.

"얘야, 어떻게 그렇게 잘하니?"

아이는 환하게 웃으며 말했다.

"될 때까지 하면 돼요!"

그 말이 내 가슴을 세게 울렸다.

"그래. 될 때까지 하자. 될 때까지!"

시작한 후 3년을 눈이 오나 태풍이 부나 아침 일찍일어나서 스케이트장에 가서 저녁 늦게까지 거의 살다싶이 피겨 연습에 미쳐 있었다. 그러다보니 이제 스케이팅에 자신이 생겨 조심스럽게 플루트를 꺼내 연주를 시도했다.

처음 플루트를 연주하며 피겨를 타는 순간 이전에 느낄 수 없는 쾌감이 있었다 .

"와~ 되긴 되는구나 "

하지만 기쁨은 잠시 링크장 관계자는 단호히 하지 말라고 나를 저지하며 말했다.

"메달이라도 딴 선수라면 모를까, 이런 연주는 허락할 수 없습니다." 나는 대답했다.

"그럼... 무슨 메달이라도 따오면 허락해 주는거죠?"

그 얘기를 듣는 관계자는 어이없는 웃음으로

"알겠어요. 어디 해보세요" 라고 나를 비웃는 듯 했다 .

그 무렵 장관배 생활체육 피겨대회가 열린다는 소식을 들었다. 나는 피겨선수들의 영상을 반복해서 보며 안무를 만들고 음악을 선곡해서 연습하고, 드디어 2016년 6월 12일 아산체육관 이순신 빙상장에서 열린 장관배 피겨대회에 참가했다. 상대 선수들은 모두 나보다 젊었지만, 정말 열심히 내 생애 첫 출전 피겨스케이팅을 마쳤다.

그리고 결과는 동메달

"정말 날아갈 듯 기쁘고 기뻤다."

〈2016년 6월 12일 장관배 피겨대회〉

잿더미 속에서 다시 시작

그 벅찬 감격을 안고 가장 먼저 아버지가 계신 힐링 센터로 갔다. 하지만 그곳에서 내가 마주한 것은 검게 탄 사라진 잔해, 화재의 잿더미였다.

세상이 무너지는 기분.

“얼마나 어렵게 일어섰는데... 또 이렇게?”

진짜 하염없이 눈물만 나왔다. 그러나 아버지는 모든 것이 불탄 곳에서 호탕하게 웃으며

“인생은 공수래 공수거다.”

“내 나이 75살. 시작하기 딱 좋은 나이다.”

‘늘 긍정적으로 생각하고 행동해라’ 라는 가르침을 받았지만, 그 상황만큼은 이해 되지 않았고 드디어 아버지가 실성 하셨구나 생각하니 더 기가막혀 눈물밖에 나오지 않았다.

그 당시 사회적으로 현실적으로 문제였던 보이스피싱 사기에 당하지 않으려고 전날 미리 찾아 둔 현금들, 그리고 화재보험도 가입되어 있지 않았고, 그러나 그 보다 더 소중한 아버지의 작품들. 나의 소중한 물품들. 이 모든 것이 잿더미가 되있으니 이건 겪어보지 않으면 알 수 없는 비참한 심정 이였다 .

나는 밤새 울었다. 울고 또 울었다.

한참을 울고 나니 어제 아버지께서 나에게 하신 말씀이 떠올랐다.

“그 상황에 어찌 그 말을 하셨을까?”

순간 내 마음속 슬픔의 부정 스위치는 또 한 번 긍정으로 바뀌며,

“그래! 아버지가 다치지 않으셨잖아 ”

그 이유 하나 만으로도 갑자기 희망이 생겼다 .

“그래 무너진 건 공간이지. 나와 아버지는 살아 있다.”

“다시 시작할 수 있다.”

나는 잿더미 위에 서서 플루트를 꺼내

‘You Raise Me Up’ 을 연주했다.

눈을 감고 연주를 하는 순간, 나는 느꼈다.

“그래… 내 안에는 진짜 긍정에너지가 흐르고 있구나.”

“나는 긍정 재벌집 딸이구나” 라고 느끼는 순간이였다.

〈백당 윤명호 화백〉

〈2016녀 6월 13일 잿더미 위에서의 긍정〉

지금부터가 시작하기 딱 좋은 나이다

이제 진짜 절박해졌다

"언니! 언니 집에 불났어?"

서울에 사는 친한 동생으로부터 아침 일찍 부터 연락이 왔다.

"어떻게 알았어?"

"네이버 실시간 검색어 1위야. '긍정 부녀' 로 떴어!"

"뭐라고?"

놀라움도 잠시, 신문 기사를 확인하니 잿더미 속에서 아버지와 나란히 웃고 있는 모습이 실려 있었다. 그리고 곧 KBS〈인간극장〉에서 촬영 요청이 들어왔다.

"저희가 조사 해보니 보험금도 나오지 않고 아무런 보상도 받을 수 없어서 상황이 절망적 이신데도 너무 긍정적으로 극복하려는 모습이 많은 분께 희망이 될 것 같아서요. 꼭 촬영을 허락해 주셨으면 합니다."

그렇게 방영된 KBS1〈인간극장〉 5부작 '윤 화백이 웃던 날' 이었다. 방송 촬영은 협조했지만, 현실의 무게는 여전히 나를 짓누르고 있었다.

나는 다가오는 겨울, 아버지의 거처도 마련해야 했고, 대출금도 갚아야 했다. 화재 후 반 년이 지나자 이 현실을 더는 외면할 수 없었고 이제는 타파해야 한다는 생각이 강하게 들었다. 그런 내 모습을 살피시던 아버지는 어느 날 조용히 내 손을 잡으셨다.

“이제 내 걱정하지 말고, 네가 계획했던 일에 집중해.”

나는 잠시 숨을 골랐다가 답했다.

“그럼 아버지는 다시 그림을 열심히 그리시고, 저는 잠시 접었던 일을 다시 시작할게요.”

짧지만 강렬한 대화였다. 우리는 서로의 눈빛에서 굳은 의지를 읽을 수 있었다. 힘든 현실 속에서도 나아가야 한다는 메시지가 가슴 깊이 전해지는 순간이었다.

뭐라도 하자!

하지만 현실은 숨이 막힐 만큼 답답했다. 내가 가장 잘할 수 있는 일은 플루트를 가르치는 일이었지만, 갑자기 가르칠 수 있는 학생이 생기는 것도 아니었다. 강의 또한 가끔 한 번 있을까 말까... 새로운 꿈이라고 시작한 피겨 역시도 시간과 돈이 많이 필요했다.

"내가 지금 한가롭게 스케이트를 탈 때가 아닌데…"

그러다 다시 우울의 늪으로 빠질 것 같은 두려움이 스멀스멀 올라왔다.

그때 내가 선택한 건 실천 캠페인이었다. 나는 평범한 남자와 결혼했고, 두 딸의 엄마였다. 우울했던 그 시절, 가족에게 상처를 주었다는 죄책감이 마음속에 오래 머물러 있었다. 그래서 다짐했다.

"적어도 우리 아이들에게 지금보다는 나은 세상을 만들어주고픈 엄마가 되고 싶었다."

그래서 나는 슬로건을 만들었다.

"격려와 위로, 배려와 감사, 나부터 실천합시다!"

때로는 혼자, 때로는 딸들과 함께 버스터미널 한복판에서 플루트를 연주했다. 사람들은 물었다.

"돈도 안 되는 일을 왜 해요?"

하지만 나는 알았다. 연주를 하고 메시지를 외칠 때마다 위로받는 사람은 오히려 나였다는 것을...

〈2013년 두 딸들과 실천 캠페인〉

가장 기억에 남는 미담이 있다.

한 취준생이 내 연주를 듣고 있었다. 버스를 놓쳤다고 했다. 그리고 조용히 말했다.

"오늘 사실... 저는 이 세상을 떠나려고 했어요. 근데 연주를 듣고 '여러분! 힘내세요' 라고 외치는 선생님의 모습을 보고 '나도 다시 살아보고 싶다'는 생각이 들었어요."

그렇게 말하며 그 취준생은 나에게 고맙다고 음료수를 조심스럽게 내 손에 건네주었다.

그냥 건넨 음료수가 아니었다. 다시 살아보고 싶은 마음이 담긴 음료수였다. 나는 그 순간, 가슴이 뭉클해서 말문이 막혔다. 그리고 꽉 안아 주었다. 절대 자신을 포기하지 말라고, 그리고 짧게 내 경험담을 이야기 해주며 위로를 해 준 날이 있었다.

또 한 사람이 있다.

캠페인을 하는 동안 몇 달 동안 한 노숙인처럼 보이는 남자가 항상 나를 방해하며 소리를 질렀다. 그런데 어느 날 그가 조용히 내 연주를 듣고 있었다.

나는 용기를 내서 말했다.

"사장님, 사장님은 여기 계실 분 아니신데 왜 여기에 계세요?" 그는 놀란 표정을 지으며 묻는다.

"방금… 나에게 사장님이라고 했소?"

"네. 사장님 포스가 느껴져요." 그 순간, 그의 눈에 눈물이 고였다.

“사실... 나는 얼마 전까지 수도권에서 중소기업을 운영하던 사장이었소. 부도가 나고 가족은 흩어지고... 그러다 어찌어찌하여 나는 여기까지 흘러왔소. 그런데 누가 나에게 다시 사장님이라고 불러준 건 선생님이 처음이오.”

나는 그의 손을 꼭 잡으며 말했다.

“사장님은 여기 계실 분이 아니에요. 저도 인생 한 번 무너졌다가 다시 시작하는 중이에요.”

“우리 같이 힘내요.”

그리고 내 주머니에 있던 만 원을 건네며 말했다.

“얼마 안 되지만, 따뜻한 국밥 한 그릇 드세요. 그리고 도움을 받을 수 있는 곳을 찾아보세요. 분명 길이 있을거예요.” 그는 고개를 끄덕이며 말했다.

“그래요... 꼭 다시 시작하겠소.”

그리고 그 다음날, 그 분은 더 이상 터미널에 나타나지 않았다.

나는 믿었다. 그는 다시 시작했을 것이라고.

아무도 알아주지 않는 작은 실천이었지만, 그 속에서 나는 확신했다.

진심을 담아 연주한 곡이, 그리고 따뜻한 말 한마디의 위로가 누군가의 삶을 바꿀 수도 있다는 위력이 있다는 것을.

일단 가 보는거야 !

그러던 2016년 12월, 내 인생의 터닝포인트가 된 한 분을 만나게 되었다. 서울에서 전주 강의를 오신 김승래 교수님이 나와 딸이 애국가를 부르면서 "대한민국 파이팅!" 을 외치는 모습을 보신 것이다.

"피곤함에 지쳐 있었는데, 때마침 두 분의 노래와 연주가 나에게 피로회복제 이면서 큰 감동을 선물해 주었어요. 정말 고마워요. 햄버거를 샀으니 같이 드세요."

"그리고 두 분의 모습을 담고 싶어 사진을 찍었어요.
실례가 안 된다면 전송해드릴게요."

그렇게 명함을 건네받았다. 나는 감사의 마음을 담아 문자를 보내드렸다.

"새해 복 많이 받으세요!"

그러자 곧바로 답장이 왔다.

"오늘 오전에 서울에서 강의가 있는데, 미소 엄마 문자가 와서 기분이 좋네요!"

순간 망설임 없이 물었다.

"서울 강의 몇 시인가요? 혹시 청강할 수 있을까요?"

"교수님께 여쭤볼 것도 있고... 저 바로 서울로 올라가서 뵈도 될까요? "

그렇게 무작정 서울로 향했다.

교수님은 놀란 눈치였지만 기꺼히 시간을 내어주셨다 .

윤선생이 생각하는 것을 다 이야기해 보세요

나는 주저 없이 실천 캠페인을 하게된 동기를 구구절절히 이야기했다. 한참을 묵묵히 들어주시더니 나에게 두 가지 제안을 해주셨다.

첫째, 나에게 '플로리텔러' 라는 이름을 지어주셨다. 플루트 음악과 함께 스토리텔링 형식으로 긍정 강의를 해보라고 권해주셨다.

둘째, 더 많은 기회를 만들 수 있도록 한국강사협회의 많은 분들과 교류할 수 있는 기회를 만들어 주셨다.

내 스스로 우물안의 개구리가 넓은 세상 보고 싶어 폴짝 폴짝 뛰었는데, 왠지 나에게도 기회가 온 것 같은 마음을 가지게 되었다.

명강사 경진대회 도전

몇 달 후, '명강사 경진대회'가 열린다는 이메일을 받았다. 참관비는 1만원, 참가비는 5만원.

"이왕 서울에 올라가는 거 참관 보다 내가 직접 참가해 경험을 쌓아보자!" 라는 마음으로 참가 서류를 냈다.

15분 강의. 공무원 교육원에서의 경험을 바탕으로 강의 시연을 했고, 운 좋게 예선을 통과해 본선에 진출했다.

정말 예상치 못한 결과였다. 쟁쟁한 강사들과 경쟁할 기회가 생긴 것이다.

긴장됐지만, 함께 서울 경진대회에 온 내 딸손을 꼭 잡고 말했다.

""엄마 발표할 동안 청중석에서 조용히 있어야 해."

긴장이 많이 되었지만 내 딸이 응원 해준다는 생각에 힘을 낼 수 있었다.

'내 마음에 긍정스위치를 켜라!' 라는 주제로 15분 강의 시연이 끝났다. 아무런 경험도 없던 내가 무작정 도전할 수 있는 용기에 나도 내가 많이 떨렸지만 마음으로는 박수를 보낸 순간이였다 .

그리고 결과는… 은상! 너무 기뻤다.

이제 나도 공식적으로 강사로 인정받는 기분이었다.

상장과 자신감을 안고 집으로 돌아왔다. 이제 진짜 강의로 돈도 벌어 빚도 갚고, 불에 타버린 공간에 다시 힐링 공간을 건축해야지.

이 모든 과정이 쉽지는 않았지만, 한 걸음씩 나아가고 있었다.

〈2017년 한국강사협회 주최 명강사 경진대회〉

오늘의 작은 한 걸음이
내일의 기적을 만든다.

두려움을 용기로 바꾼 열정

2018년 1월, 새로운 기회를 꿈꾸며 누구보다 열심히 살고 있었던 때였다. 그러던 중, 뉴스에서 평창 동계올림픽 소식이 들려왔다. 하지만 내용은 대부분 부정적이었다.
불안한 마음이 스며들었다.
"내가 아무리 노력해도, 대한민국이 흔들리면 무슨 소용이 있지?"
그때 뉴스 화면에 자막이 지나갔다.
"국민의 하나 된 열정!"
순간 가슴이 뛰었다.
"그래, 내가 할 일이 있겠구나."

곧 바로 네비게이션에 '평창올림픽 조직위원회' 를 입력하고 평창으로 향했다. 무작정 찾아간 그곳에서 나를 반겨줄 사람은 아무도 없었다.

간신히 문화를 담당하는 관계자를 만나서
“어떻게든 힘을 보태고 싶습니다” 라고 말했지만,
돌아온 대답은 냉정했다.
“서포터즈 모집은 이미 끝났습니다.” 실망스러웠다.
“국민의 열정을 보여달라더니, 결국 말뿐이었나?”
하지만 그냥 돌아설 수는 없었다.
나는 전주 아이스링크에서 피겨 스케이팅을 하며 플루트를 연주하는 영상을 제작했다. 그리고 카메라를 향해 외쳤다.
“2018 평창동계올림픽을 응원합니다!”

그 마음이 전해졌을까?
며칠 후, 강원도 문화도민운동협의회의 사무총장님에게서 연락이 왔다.
“우리의 올림픽을 응원해 주셔서 감사합니다.”
“올림픽 직전에 열리는 성공 올림픽 다짐식에서 축하 연주 한 곡 부탁드려도 될까요?”
나는 주저 없이 대답했다.
“물론이죠! 평창올림픽은 강원도만의 일이 아니라 대한민국 전체의 일이잖아요!”

행사가 열린 곳은 원주의 컨벤션 홀이었다.
연주 순서를 기다리며 식순을 보고 있는데, 갑자기 한 참석자가 발언했다.

"설 명절이 올림픽 기간에 끼었는데, 조상도 챙기지 말고 올림픽만 하라는 겁니까?"

순식간에 장내가 술렁였다.

"올림픽이 중요하지, 명절이 대수냐!"

고성이 오가는 혼란스러운 분위기 속에서 나는 무대 위로 뛰어올랐다.

"여러분!"

순간 홀 안이 고요해졌다. 나는 떨리는 목소리로 말했다.

"두려우십니까?"

"그토록 바라던 평창올림픽이 눈앞에 다가오니 두려운가요?"

"이순신 장군님께서 말씀하셨습니다."

"두려움을 용기로 바꾸면 기적이 일어난다."

"저는 전라북도에서 온 두 딸의 엄마입니다. 국민의 하나 된 열정으로 올림픽을 성공시키고 싶어 이 자리에 섰습니다."

"지금 이 순간 다시 결심합니다."

"성공적인 올림픽이 끝나는 날까지, 이 한 몸 바치겠습니다!"

그 말과 함께, 나는 눈물을 머금고 온 마음을 담아 '아리랑'을 연주했다. 연주가 끝나자, 한 사람 두 사람씩 자리에서 일어나 외쳤다.

"죄송합니다! 미안합니다!"

"저도 목숨을 다해 평창올림픽을 함께하겠습니다!"

그 날의 기립박수 소리는 지금도 내 마음 깊은 곳에서 울린다. 그 순간 깨달았다.

《간절하면, 진심은 반드시 통한다.》

집에 돌아오자마자 짐을 쌌다. 남편이 물었다.

"왜 굳이 당신이 거기까지 가야 해?"

나는 단호하게 말했다.

"우리가 아무리 열심히 살아도, 대한민국이 무너지면 우리의 행복도 없어. 나라도 힘을 보태야 해."

남편은 한숨을 쉬며 말했다.

"선택해. 나야, 국가야?"

나는 1초의 망설임도 없이 대답했다.

"국가."

그 말을 내뱉는 순간, 내 안에 이순신 장군님 정신이 있음을 느꼈다.

남편은 고개를 끄덕이며 말했다.

"내가 졌다. 안전하게 다녀와."

그렇게 나는 다시 평창으로 향했다.

그런데 도착하자마자 긴급 연락이 왔다.

"고성 시민 강사분이 서포터즈 갑자기 역활을 못하게 됐습니다. 곧바로 고성으로 이동해 119 앞에서 대기 중인 사람들을 강릉 컬링 경기장으로 인솔해 주세요."

"써포터즈의 역할은 표가 안팔려 빈자리가 생기면 그 자리에 앉쳐 주시는 거예요”

“네 알겠습니다!”

나름 비장한 각오로 써포터즈 분 들에게 설명을 했고 처음에는 빈자리가 제법 있어 질서 있게 앉자리를 배정해주었다. 하지만 의외로 컬링경기의 표가 거의 다 팔렸고 서포터즈분들은 계속 왔다 갔다 자리를 옮겨줘야 하는 상황이 되어 버렸다. 그러더니 결국은 경기 시작 10분전 일부 서포터즈 남자분들이 화를 내기 시작했다.

“내가 거지입니까? 이리저리 옮겨 다니라니, 난 못 하겠어요!”

자리 싸움이 벌어졌다. 장내는 시끄러워졌고 고성이 나기 시작했다. 나는 너무 당황했고 본부에 연락하자 답은 하나였다.

“강사님! 정확히 오후 8시에 전세계로 생방송 중계가 됩니다. 그 분들을 무조건 경기장 밖으로 내보내 주세요”

“강사님의 능력을 믿습니다. 부탁합니다.”

“이건 올림픽의 성패가 걸린 문제입니다.”

“오마이 갓! 이 짧은 시간에 어떡하지”

난 그곳에 있는 몇 몇 분과 함께 합심해서 재빠르게 조치한 결과 그 위기 상황을 간신히 모면할 수 있었다.

그러나 그 당시 쫓겨나다시피 해서 화가 많이 나신 몇 몇 써포터즈 분들이 결국은 내일부터 나오지 말자고 소리소리 지르며 화를 내시는 바람에 그 곳의 분위기는 삽시간에 얼어붙었다.

순간, 숨이 막혔다.

"어떡하지?" "이 상황을 어떡해 하지 ? "

인솔하는 버스에 올라타 나는 고개를 깊이 숙였다.

잠시 잠깐 이지만 난 눈을 감고 내 마음에 집중을 했다.

"그래! 진심으로 사과드리자. 어찌됐는 내가 리드하지못한거야" 그리고 난 일어나서

"진심으로 죄송합니다. 여러분들을 제가 잘 이끌지 못했습니다. 다 제 잘못입니다."

정적이 흘렀다. 그 때 가장 화가 나 있던 한 분이 말했다.

"아니, 강사님 잘못은 아니죠. 멀리 전북에서 오셨다고요? 그럼 우리 강사님 노래 한 곡 들어야겠네요."

"그럼 제가 노래 부르면, 여러분 화 푸시고 내일도 함께 해주실 거죠?" 그리곤 나는 노래를 불렀다.

한 곡, 두 곡.

분위기가 점차 밝아졌고 모두 함께 박수를 쳤다.

버스를 내릴 때 나는 한 분 한 분의 손을 잡고 눈을 마주 보며 말했다.

"여러분의 손에 평창올림픽의 운명과 대한민국의 미래가 달려 있습니다."

"내일 꼭 다시 뵙겠습니다."

다음 날 아침, 그 분들은 너무나도 고맙게 한 명도 빠짐없이 다시 모였다. 그리고 모두의 얼굴에는 한번 홍역을

크게 치른듯 더 강해진 모습이 되어 있였다.

우리는 하나의 팀이 되었다. 검은 비닐봉지를 들고 휴지를 줍고, 자원봉사자들에게
"수고 많으세요!" 반갑게 인사하며, "아리아리!"를 외쳤다.

추운 겨울이었지만 마음은 뜨거웠다. 최선을 다해 평창 올림픽의 시간을 함께했다. 그리고 마침내, 성공적인 올림픽이 막을 내렸다.

지금도 평창의 그 순간을 떠올리면 가슴이 벅차오른다. 그건 내 인생에서 가장 뜨겁고 아름다웠던 인생의 한 페이지였다.

〈2018년 평창동계올림픽을 추억하며〉

기회도 내가 만든다.!

나는 매일 피겨 스케이팅과 플루트 연습을 하고, 강의안을 짜며 내게 올 기회를 대비해 치열하게 살아가고 있었다. 그러던 어느 날, 서울에 사시는 지인 아버지의 부고 소식을 듣고 장례식장을 갔다.

조문을 마치고 돌아오는 길 문득 눈앞에 남산이 보였다.

그 아래 자리한 하얏트 호텔, 그곳의 야외 수영장이 겨울이면 아이스링크로 변신한다는 걸 영상으로 본 적이 있기에 반가운 마음이 들었다. 그리고 순간, 번쩍 생각이 스쳤다.

"그래! 직접 찾아가 보자. 연습만 하고 있으면 누가 알아주겠어?"

망설임 따윈 없었다. 무작정 그곳으로 향했다.

담당자를 찾아가 만나게 되었고, 2018년 평창올림픽 당시 피겨 플루트 공연 영상을 보여주며 말했다

"저에게 기회를 주신다면, 이 야외 아이스링크에서 플루트를 연주하며 피겨 스케이팅을 하는 세계 최초의 공연이 될 거예요."

겉으로는 당당했지만, 사실 속으로는 엄청나게 떨렸다.

"내가 너무 앞서 나간 건 아닐까?" 걱정하고 있던 찰나 담당자로부터 전화가 걸려 왔다.

"12월 오프닝 연주로 부탁드립니다."

그 순간, 나는 다시 깨달았다. 가만히 있으면 아무 일도 일어나지 않는다는 것을.

그렇게 나는 가장 추운 겨울, 영하의 날씨 속에서 공식적으로 '세계 최초 피겨플루티스트'로 데뷔하게 되었다.

이후로 나는 더욱 절실히 느꼈다.

기회를 얻고 싶다면, 매일 준비해야 하고, 움직여야 하며, 스스로 문을 두드려야 한다는 것을...

빙상장마다 빙질과 환경이 다르기에 적응 훈련을 위해 새로운 링크를 찾아다녔다. 그러던 중, 안양 빙상경기장을 찾았고, 피겨 연습중 쉬는 시간에는 밖에 나와 플루트를 연습하곤 했다. 그 때 지나가던 한 관계자가 나에게 물었다.

"플루트를 연주하시는 실력이 보통이 아니신 것 같은데, 혹시 프로이신가요?"

내가 하는 일을 설명드리니 그는 안양에 있는 하키구단의 관계자라고 했다. 그리곤 며칠 뒤, 다시 연락이 왔다.

"한 · 일 국제 하키 경기가 열리는데, 애국가 연주와 축하 공연을 부탁드려도 될까요?"

드디어 진짜 기회가 온 걸까. 나는 밤낮없이 연습했고, 마침내 국제 대회의 무대에 섰다.

3천명 가까운 관중 앞에서 애국가를 무반주로 연주하는 순간 내 심장은 터질 듯이 떨렸다.

무사히 애국가 연주를 마친 뒤 이어진 2부 축하 공연

이미 하키 경기로 얼음은 거칠고 갈라져 있었지만, 나는 마음속으로 외쳤다.

"괜찮아, 언제 내가 상황을 따졌던가?"

그리고 터져 나온 박수와 환호.

"드디어 시작이야. 고생 끝, 행복 시작!"

연주 이후 방송과 강의 요청이 들어오기 시작했다. 마침내 내게도 기회가 왔다고 믿었다.

"아버지, 이제 돈 걱정하지 마세요."

"조금만 기다리면 제가 벌어서 화재로 잃은 터를 재건축해 드릴게요."

설레는 마음으로 앞으로 일정을 기다렸지만, 바로 코로나-19가 모든 것을 멈추어버렸다.

〈2019년 12월 하얏트 아이스링크장 첫 데뷔〉

〈2020년 1월 한 · 일 국제하키전 축하 연주〉

떠오르는 태양을 보며

예상치 못한 코로나19의 등장으로 모두가 혼란에 빠졌고, 나도 그저 집에 머물러야만 했다. 하루하루가 멍해지고, 점점 우울함이 스며들기 시작했다. 이렇게 가만히 있다가는 다시 깊은 우울 속으로 빠져들 것만 같았다.

"어떻해 이런 일이 있을 수가 있지?"

처음 겪어본 코로나 시국에 아무것도 할 수 없었다.

그러던 어느 날 아침 일찍 눈앞에 떠오르는 태양을 우연히 보게 되었다.

"그래! 우리에게는 아직 태양이 있잖아"

나도 모르게 내 뺨에 뜨거운 눈물이 흐르고 있었다.

디즈니 영화 〈겨울왕국〉처럼 태양마저 사라진다면 우리는 암흑 속에서 살아야 할 텐데, 이렇게라도 빛이 있다는 게 얼마나 다행인가! 그 순간, 나의 부정의 스위치가 다시 긍정으로 전환되는 것을 느꼈다.

매일 긍정을 외치던 내가 어렵다고 포기할 수는 없었다.

"나는 단순히 돈을 버는 사람이 아니라, 긍정을 전하는 아티스트가 되려는 거였잖아."

난 힘들고 지칠 때마다 텐션이 좋았을 때 찍은 내 영상을 보며 위로 삼기도 했다.

'지금, 이 순간에도 힘겨운 시간을 보내며 삶을 포기하려는 이들, 우울의 늪에 빠지기 직전인 이들에게 내가 한 명이라도 긍정을 전할 수 있다면?'

그 사명감이 나의 심장을 다시금 뜨겁게 뛰게 했다.

아이스링크장이 폐쇄된 상황에서 나는 인라인을 꺼내 신었다. 그리고 "여러분, 함께 힘내요!" 라고 적힌 플래카드를 몸에 두르고 거리로 나섰다.

특히 자영업자들은 가게 문을 열어두었지만, 손님이 없어 깊은 우울함에 빠져 있었다. 나는 그들 앞에서 플루트를 연주했다. 연주를 들은 몇몇 분들이 손뼉을 치며

"조금이나마 힘이 난다" 라고 말해 주셨다.

작은 행동이었지만, 그들이 미소를 되찾는 순간, 나 역시 가슴이 벅차올랐다. 이러한 활동이 꾸준하게 이어지자 전주 MBC 뉴스에서 취재를 나왔다.

처음엔 쑥스럽기도 했지만, 방송이 나간 후 많은 사람이 멀리에서라도 응원의 메시지를 보내 주었다. 그리고 곧 서울의 한 방송국에서도 취재 요청이 들어왔다. 하지만

예정된 방송 날짜를 앞두고 갑작스러운 이태원 코로나 확산으로 인해 취재는 무기한 연기되었다.

전국 방송을 통해 더 많은 사람에게 긍정을 전할 기회를 잃은 것은 아쉬웠지만, 나는 멈추지 않았다. 긍정을 전하는 일이야말로 내가 해야 할 일이었기 때문이다.

"상황이 좋고 쉬운 일은 누가 못해?"

"어렵고 힘든 상황속에서도 헤쳐 나가고 할 때가 진짜 용기고 실천이지"

"나는 지금 이 순간이 마치 네가 긍정을 전한다고?"

"그럼 지금 해 봐"

"네가 할 수 있겠니?" 라고

나를 테스트하는 기분이 들었다

"그래! 그냥 하자"

"누가 알아주지 않아도 이제껏 해 왔잖아"

"의리 의리 탈랜트 김보성님도 10년 외치니 의리의 대명사가 되었잖아"

"나는 긍정만 외치련다."

"뚜벅뚜벅 일관성 있게"

"긍정이 없었다면 오늘의 나도 없었으니 계속 긍정만 외치련다" 다짐하는 순간이였다

〈2022년 긍정캠페인〉

전주역 첫마중길 부잣집과의 귀한 인연

오늘은 긍정캠페인을 위해 전주역 마중 길로 향했다. 주차할 곳을 찾던 중 '부잣집'이라는 상호가 눈에 들어왔다.

"혹시 여기 주차해도 될까요?" 조심스레 묻자, 이모님께서 환하게 웃으며 "예, 그러세요' 하고 흔쾌히 허락해 주셨다. 마스크를 쓴 채 사람들에게 연주로 긍정의 메시지를 전하며 캠페인을 마쳤다. 차를 빼기 전 감사 인사를 전하고 싶어 부잣집 식당 안으로 들어섰는데, 마음씨 좋은 사장님께서 다가오셨다.

"좋은 일 하시던데, 저희도 뭐라도 드리고 싶어요."

그 분들은 나에게 한방 백숙을 주셨다. 따뜻한 정이 담긴 음식을 감사히 맛 본 후 그냥 가기엔 마음이 쓰여 자연스럽게 옆 테이블을 정리하고 그릇을 주방으로 옮겨다 드렸다. 그러자 사장님이 놀란 듯 말했다.

"귀하게 자라신 분이 이런 일은 안 해보셨을 것 같은데, 손이 참 빠르시네요?"

"아.. 네, 등록금 벌려고 안 해본 아르바이트가 없어요." 내 대답에 사장님은 흥미로워하시며 말을 이었다.

"그래요?"

"곧 초복인데 그때 일손이 필요한데, 혹시 도와주실 수 있을까요?" 망설일 이유가 없었다.

코로나 시국으로 내 수입은 0원, 당장 할 수 있는 일이 필요했다.

"네, 하겠습니다!" 그렇게 열심히 일하며 그곳 사람들과 정을 쌓아갔다.

평소에도 어려운 이웃과 나눔의 실천을 많이 해 착한가게로 소문난 부잣집 사람들과 힘든 코로나 시기에 나에게도 천사와 같은 손길로 어느새 또 하나의 소중한 가족이 생긴 순간이었다.

마음을 짓누르는 고민

나에겐 오랫동안 마음을 짓누르는 고민이 있었다.

아버지께 살아생전 내가 약속했던 대로 사라진 터에 다시 건물을 세워야 한다는 책임감 이었다. 사람들은 우선 컨테이너라도 놓고 시작하라고 조언했지만, 내 귀에는 들어오지도 않았다. 나는 돈을 많이 벌어 더 멋지게, 더 단단하게 지어야 한다고 생각했다. 그런데 예상치 못한 코로나 사태로 인해 상황은 최악으로 치달았다.

그때 문득 깨달았다. 중요한 건 시도하는 것이지, 형태가 아니라는 것을.

나는 부잣집에서 열심히 일했고, 내 사정을 아는 사장님과 이모는 많은 호의를 베풀어 주셨다. 적어도 2021년에는 굴착기를 들여 공사를 시작하고 싶었지만 현실은 공사비가 없었다.

막막한 상황에서 문득 부잣집 옆에 창고처럼 쓰이는 컨

테이너를 발견했다. 혹시라도 내가 사용할 수 있을까 싶어 조심스럽게 물어봤고, 그들은 흔쾌히 허락해 주었다.

그리고 나는 17년 동안 운영해 온 플루트 학원의 보증금이 생각났다.

"'이 쌈짓돈으로라도 시작해 보자!" 그러던 중 부잣집의 단골 목수님이 내 사정을 듣고 뜻밖의 제안을 해주셨다.

"내 친구 중 건축하는 사람이 있는데, 적은 금액으로 창고라도 지어줄 수 있을 것 같아." 너무나 반가운 소식이었다. 그 때 또 하나의 희망이 찾아왔다.

무주택자를 위한 1년 거치, 20년 상환 주택담보대출을 알게 된 것이다. 하지만 조건이 있었다. 완주군민 이어야 한다는 것. 나는 망설임 없이 주소지를 완주로 옮겼다.

그렇게 예상치 못한 방식으로 컨테이너를 놓으려던 터에 H빔을 세우며 제대로 된 건물이 올라가기 시작했다. 조금 이라도 건축비를 줄이기 위해 나는 아예 건축 공부를 시작했다.

누구도 관심 두지 않던, 심지어 포기하라는 그 땅 위에 오직 긍정의 힘으로 도전하며 집을 지어갔다. 그리고 마침내 탄생한 공간, 그것이 바로 지금의 '백당아트갤러리' 다.

이 기적은 나 혼자 이룬 것이 아니었다. 많은 분의 후원과 격려가 있었기에 가능했다.

그렇게 2023년 4월 20일, 나는 백당아트갤러리의 개관

식을 마쳤다. 그리고 아버지를 이곳으로 모셔 와야겠다고 생각했다. 그런데 아버지는 들어가기를 완강히 거부 하셨다.

“내 딸이 얼마나 힘들게 지은 공간인데, 내가 들어가서 담배 피우고 노인네 냄새 풍기면 망칠 거야.”

나는 황당했다. 온 마음을 다해 만든 공간인데, 주인공이 들어가시지 않는다니, 울먹이며 설득했지만, 아버지의 뜻을 꺾을 수 없었다.

1년 동안을 이러지도 저러지도 못한 채 그곳은 그냥 방치 되어버렸다.

그 해에 아버지는 나에게 다시 말씀하셨다. 백당아트갤러리를 네가 지었으니 네가 활용하라고, 사실 더 이상 망설일 수 없었다.

〈2023년 4월 백당아트갤러리 완공〉

선택과 집중 그리고 버티기

이제껏 도전해 온 일들에 집중하자. 내가 잘하는 일, 내가 할 수 있는 일. 선택과 집중, 그리고 협업.

그렇게 결심하고 하루하루를 버티던 어느 날, 한 통의 전화가 걸려왔다. 대학선배, 김광호 선배님이었다.

그 분과의 인연은 지금으로부터 13년 전으로 거슬러 올라간다. 지인의 배려로 삼성경제연구소가 운영하던 '세리 CEO'의 고급강의를 영상으로 공부하게 되었다. 그러던 중 조찬 특강이 열린다는 소식을 듣고 나는 몰래 강의장을 찾아가 '도강청취'를 했다. 영상이 아닌 직접 강의가 듣고 싶은 열망이 있었다

역시 최고는 달랐다. 열정 넘치는 강의력, 따뜻한 눈빛, 그리고 마지막에 던진 한마디.

"저도 지방대 출신으로 서울에서 자리 잡기까지 참 힘들

었지만 결국 해냈습니다."

그 말을 듣는 순간, 가슴이 뭉클했다.

"와, 나의 선배님이시구나"

강의가 끝나자마자 끝까지 남아 꾸벅 인사드렸다. 선배님은 반갑게 웃으며 내게 따뜻한 격려의 말을 건넸다. 그때 맺어진 인연이 지금까지 이어지고 있다.

"후배! 내가 '미래학당'이라는 플랫폼을 만들었는데, 인생에 진짜 도움이 될 거야."

그 분의 목소리에는 확신이 있었다. 카리스마와 진심이 동시에 느껴졌기에, 나는 망설임 없이 말했다.

"네! 하겠습니다." 참가비는 10만원

내통장 잔액은 13만 원. 남은 돈은 3만원 이었다.

연주와 강의가 꾸준하지 않아 늘 불안했고, 빚도 많았지만 하지만 이상하게도 두렵지 않았다. 버텨야 했다.

설거지 아르바이트를 하고, 내 물건을 중고로 팔았다. 그럼에도 믿었다. 이것 또한 과정일 뿐이라고. 해가 뜨기 전, 가장 어두운 새벽이 찾아오는 법이니까. 내가 나를 포기하지 않는 한, 반드시 기회는 올 것이라고...

그 와중에도 플루트와 피겨 연습은 하루도 빠짐없이 이어갔다. 때론 지겨워도, 때론 외로워도,

살 길은 '연습뿐'이었다.

미래를 준비하는 미래학당

매주 토요일 오전 6시 30분, 미래학당 줌 강의가 시작됐다. 이른 아침부터 울려 퍼지는 배움의 에너지. 그곳은 나에게 또 다른 '인생 학교'였다.

그러던 어느 날, 나에겐 운명 같은 강의를 듣게 되었다.
바로 허은영 이사장님(전 충북신용보증재단)의 강의였다.
"아, 바로 이거다!" 그녀의 강의는 달랐다.
주제는 '교만한 자기소개서.' 처음엔 조금 당황스러웠다.
늘 '겸손해야 한다'고 배워왔는데, '교만하라'니?
하지만 이야기를 듣는 순간, 깊이 공감됐다. 비즈니스 관계에서 서로를 소개할 때 나 자신을 너무 겸손하게 표현하다 보니 정작 자신의 강점이 제대로 전달되지 않는 경우가 많다는 것이다. 그래서 그녀는 말했다.
"자기소개할 땐, 교만할 정도로 자신 있게 표현하세요.

그게 진짜 자신을 믿는 태도입니다.”

그 말은 내 마음 깊은 곳을 울렸다. 어릴 적부터 눈치 보며 자라서 언제나 겸손해야 한다는 생각에 나를 숨기며 살았던 나였다. 그런 나에게 그 분의 메시지는 새로운 자극이었다.

“그래, 나를 조금 더 드러내도 괜찮구나.”

그 날 이후, 나는 이분을 꼭 한 번 만나 뵙고 싶다는 마음이 들었다. 며칠 후, 미래학당의 워크숍 소식이 전해졌다. 그리고 놀랍게도, 그 자리에 허 이사장님이 함께한다는 소식이었다. 원장님께서는 내게 특별 강의와 연주의 시간을 주셨다.

“이번이 나의 기회다.”

그 날, 나는 내 비장의 무기를 꺼냈다. 단 3분 안에 누구나 플루트를 연주할 수 있게 만드는 ‘특급 자신감 비법’ 이었다.

“지금부터 3분 안에 여러분을 플루티스트로 만들어 드리겠습니다!” 사람들의 눈이 반짝였다.

“먼저, 즐거운 마음으로 시원한 수박을 한입 먹었다고 상상해 볼까요?”

“그리고 씨를 툭툭 뱉어볼 거예요—투! 투! 투!”

장내엔 웃음이 터졌다.

“자 이제 노래를 불러볼게요.”

“떴다 떴다 비행기~ 날아라 날아라~”

“이제 이 노래를 플루트로 표현해 볼 거예요.”

그리고 나는 세 가지 공식을 전했다.

첫째, 「일단 만나」 악기와 기분 좋게 만나는 마음.

둘째, 「동등한 입장」 입술과 마우스피스가 5대5로 만나는 반반조화.

셋째, 「긍정 에너지 발사!」

" '나는 할 수 있다' 는 믿음으로 도전하는 순간이 바로 연주의 시작입니다."

"자, 오늘의 플루티스트의 탄생은 누구일까요?"

나는 미소를 지으며 허 이사장님을 지목했다.

단 3분 만에 그분은 정말로 '비행기' 를 연주해냈다.

순간, 장내는 환호로 가득 찼다. 그리고 나는 준비해온 플루트악기를 이사장님께 과감하게 선물로 드렸다 .

사실 이 모든 것이 나의 계획이였다.

"어떡하면 저분과 꾸준히 만나뵐 수 있을까?"

그날 이후, 우리는 '플루트 레슨' 이라는 이름으로 만나게 되었다. 작정하고 연결된 인생의 귀한 분 이었다.

새로운 경험의 루첼라이 정원

최선을 다해 레슨을 이어가던 내게 이사장님께서 특별한 경험을 선물하고 싶으셨던 걸까. 어느 날, 대부도의 이름도 아름다운 '더 헤븐리조트' 로 떠나는 1박2일 여행에 초대해 주셨다.

"인사 나누세요!"

"이 분은 강신장 작가님이자 모네상스 대표님, 그리고 루첼라이 정원 교장 선생님 이십니다."

"수식어가 너무 많을 만큼 훌륭한 분이죠."

순간, 낯설지 않은 이름이었다.

"아, 맞다! 『운명을 바꾸는 창조의 기술』의 저자—"

"더 나은 것이 아니라, 세상에 없는 것을 만들어라. 오리진이 되라!"

그 문장을 수없이 되뇌며 내 꿈을 키워줬던 바로 그 책의 작가님이었다.

우울증을 이겨내던 시절 우연히 그 책을 만났다. 나는 그 책을 보고 많은 인싸이트가 생긴 듯 했는데 결정적으로 '피겨와 플루트를 융합하자' 라는 생각을 들게해주었다.

그래서 세계 최초의 '피겨플루티스트' 라는 나만의 길이 열렸기에 나에게 「오리진이 되라」 라는 책은 너무도 특별했다. 그 분을 직접 만난다니, 너무나도 믿기지 않았다.

나는 떨리는 목소리로 말했다.

"작가님 덕분에 새로운 도전을 할 수 있었어요."

"그 책이 제 인생의 터닝포인트가 되었어요."

"정말 감사합니다."

그분은 환하게 웃으며 대답하셨다.

"벌써 10년도 넘은 책인데, 당신의 인생에 도움이 되었다니 보람 있네요."

그 인연을 계기로 나는 최근 지식 프로듀서로 더 잘 알려진 강신장 원장님이 이끄는 '루첼라이 정원' 의 학생이 되었다.

루첼라이 정원은 16세기 피렌체에서 르네상스의 문을 연 유서 깊은 공부 모임의 이름에서 유래했다. 그리고 500년 후, 대한민국에서 다시 부활한 이 정원은 최고의 스승들과 CEO들이 함께 공부하며 삶의 품격을 나누는 배움의 공동체였다.

내가 참여한 첫 강의는 하버드대 대학원에서 고전문헌학 박사 학위를 받은 배철현 교수님의 프리드리히 니체 특강이었다.

시작부터 압도적인 지식의 깊이. 하지만 솔직히, 내게는 너무 어려웠다. 그럼에도 불구하고 나는 끝까지 집중했다.

"이렇게 높은 학문을 탐구하는 분이 결국 전하고자 하는 건 뭘까?"

그 때 교수님이 말했다.

"자신의 삶의 의미를 스스로 찾고, 긍정적 가치를 창조하며, 자신의 잠재력을 최대한 발휘하라."

그 말을 듣는 순간, 눈물이 났다. 누가 뭐라 해도 나는 이미 그렇게 살고 있었다. 비록 지식은 부족하고, 삶은 단순하고, 실수투성이일지라도 매일 '내 안의긍정'을 깨우며 나답게 살아가고 있었다.

그 날 나는 확신했다. 지식이 사람을 완성시키는 게 아니라, 삶을 통해 배운 깨달음이 사람을 성장시킨다는 것을.

포기하기 일보 직전 한 번만 다시 해보자!

마라톤이 42,195Km. 꼭 지금이 30Km 뛴 기분이다.

그 다음 부터는 정말 정신력 싸움이래더니, 열심히 산다고 사는데 나에게 기회는 오긴 오는 걸까? 애써 긍정을 외쳐보지만 이제 나도 서서히 지쳐 가고 있었다.

몸 건강도 면역이 약해져 A형 독감이 심하게 들어 병원에 입원했다. 링거를 맞으며 조금은 자포자기처럼 누워있는데 문득 이런 생각이 들었다.

"여기서 포기하면 끝장이다. 한 번만 더 힘을 내자!"

"넌 이제까지도 잘 참고 왔잖아"

이러면서 계속 나 자신에게 응원했다. 아 참! 나에게 기회가 없는 건 아니네. 마침 허은영 이사장님의 소개로 며칠 뒤 청주 스마트 경영포럼 조찬 강의가 있었다.

난 비장한 결심을 했다. 이 기회에 정말 최선을 다해보리라!

'내 안의 긍정에너지를 깨워라 !'

나의 강연 제목처럼 꼭 지금 내가 실습하고 있는 듯했다. 내 안의 긍정에너지를 깨우니 신기할 정도로 죽어가는 식물이 생기있게 살아 돌아오는 듯한 기분이 들었다.

며칠 뒤 강연을 나름대로 최선을 다해 열강했고, 다행히 청중의 반응이 뜨거웠다. 그리고 더욱 반갑게 맞이해주신 분이 계셨다. 바로 2017년 강사협회에서 인연이 된 최현아 강사님이셨다.

"여니 샘! 성공할 줄 알았어요."

"우리 포럼은 유명하신 분만 모시는데 이 멋진곳에서 강의하시고 대단하세요."

"오늘 강의 정말 울림 있는 긍정 강의였네요."

"자랑스러워요." 라고 말씀 해주시는 것이 아닌가?

이번 긍정 강의는 오히려 내가 더 에너지를 받고온 귀한 시간이었다,

내가 나를 포기 하지 않는 한
분명히 돌파구는 있다

사실 늘 마음이 힘들었던 건 빚이 있고 그 빚의 이자를 갚으려고 또 빚을 내고 악순환이 계속되어 갔다.

순간 어려울 때 도움받을 수 있는 기관 전북신용보증재단이 생각났다.

"그래! 내 강의 내용대로 실천을 하는 거야!"

'일단 만나!'

'동등한 입장!'

'긍정에너지 발사!'

난 당당하게 가서 나의 상황을 알리고 도움을 요청했다. 간절함이 통했다.

어떡하든 도와주려고 나에게 해결 솔루션을 주셨다.

비싼 금리 이자의 급한 불을 끄니 약간의 시간을 번듯했다.

하지만 몇 년 뒤의 상환이기에 더욱 정신이 바짝 들었다. 멋진 배우 윤여정 님이 하신 말씀이 생각이 났다.

간절하고 절박할 때 연기가 더 잘 됐다는 말, 딱 지금 내가 그렇다.

어떻게 하든 방법을 찾으려 애쓰다보니 진짜 탈출방법이 하나씩 생겼다.

넘어져도 다시 일어나

2024년 12월 21일, 서울

친한 지인이 주최하는 로드맵수학 토크 콘서트에서 오프닝 축하 연주를 맡았다. 연주를 마친 후 몇몇 분들과 식사하던 중 나는 말했다.

"목동 아이스링크장에서 콘서트를 열 수 있다면 정말 소원이 없겠어요."

현실적으로 쉽지 않은 일이었다. 김연아 선수처럼 세계적인 명성을 가진 선수라면 기업 후원을 받아 멋지게 개최할 수도 있겠지만, 지금의 나에게는 아직 먼 이야기였다. 그러나 나는 늘 스스로 다짐했다.

"언젠가는 할 거야! 내가 더 힘을 길러야지!"

그런데 예상치 못한 반응이 돌아왔다.

"그래요? 우리가 긍정 여니 선생님 팬인데, 우리가 앞장서야죠!"

그 말만으로도 마음이 벅찼다.

그리고 새해가 밝은 2025년 1월 1일, 한 통의 전화가 걸려 왔다.

“3월 말쯤 콘서트를 열면 어떨까요?”

“너무 이른가요? ”

“그런데 우리가 도와줄 수 있는 시간이 그때밖에 안 될 것 같아요.”

망설일 틈도 없이 답했다.

“무조건합니다!" 할께요. 정말 고맙습니다.”

간절히 바라던 기회가 드디어 왔다. 하지만 현실을 마주하니 두려움이 밀려왔다.

“그 넓은 링크장을 어떻게 디자인해야 하지?”

“또 행사 프로그램은 어떻게 구성해야 할까?”

“단순히 피겨스케이팅을 하며 플루트 몇 곡 연주한다고 되는 일이 아닌데” 사실 겁이났다.

하지만 다시 마음을 다잡고서

“그래도 이건 기회야! 일단 해보자!”

며칠 후, 목동 아이스링크장에 답사를 갔다. 링크장에는 많은 입장객과 수강생들이 있었다. 플루트를 가져갔지만, 빙판 위에서는 연주할 수 없다는 관리자의 말을 들었다. 대신 스케이트를 신고 빙질을 체크하며 활주했다.

여기까지 왔는데 공간의 울림도 점검할 겸 링크장 밖의 관중석에서 플루트를 불었다. 그런데 뜻밖에도 한 외국인 여성이 다가와 환하게 인사를 건넸다.

"너무 멋져요! 저도 가수인데, 당신의 플루트 소리가 너무 아름다웠어요."

따뜻한 인사에 감격했고, 우리는 자연스럽게 대화를 나눴다. 용기를 내어 조심스레 제안했다.

"3월 말경 콘서트를 이곳에서 개최할 예정인데, 함께해주실래요?" 그녀는 밝게 웃으며 대답했다.

"그래요! 여니와 친구가 되었으니 나도 함께하고 싶어요!" 그 순간 나에게 글로벌 아티스트 친구가 생겼다.

그녀의 이름은 '비올라' 포기하지 않고 도전하니 또 다른 인연과 운명이 다가왔다.

자신감이 더 생겼다. 이건 진짜 기회였다!

목동 아이스링크장 자체를 대관하기도 어려운데, 함께 뛰어주시는 분들이 많아졌고, 일이 더 커져서 서울특별시 후원받고 청소년과 지역 주민들에게 무료 공연으로 제공되는 공익연주로 컨셉이 잡혔다.

「피겨와 음악이 전하는 희망의 메시지, 도전과 긍정의 힘을 주제로 세계 최초 피겨 플루티스트 여니윤수연의 공연 및 토크 콘서트」 완성된 포스터를 보니 정말 이 공연이 현실이 된다는 것이 꿈만 같았다.

하지만 얼마 안 되어 주최 측에서 전화가 왔다. 누군가 서울시에 민원을 넣었다는 소식이었다.

이유는 토요일 많은 사람들이 이용하는 시설에 개인이 한다는 것에 민원을 넣은 것이다. 사실 개인을 위한 공연이 아니고 의미있는 행사인데 어찌됐든 누군가 한명이 민원을 넣은 것이었다.

공무원들이 민원을 가장 무서워하는 걸 알기에 마음의 준비를 했다. 몇 날 며칠을 기다렸지만, 결국 최종적으로 전면 공연 취소가 결정되었다. 나보다 함께 준비해 주신 분들에게 더 미안하고 또 미안했다. 그러나 이 순간에도 감사한 마음이 더 컸다. 아직 때가 되지 않았고, 이 또한 나를 더 견고하고 튼튼하게 성장시키기 위한 과정일 거라고 생각하니 다시 힘이 났다.

원래 이 책도 3월 22일 희망 긍정 콘서트에 맞춰 출판하려는 야심찬 계획이었지만, 역시 세상사 내 뜻대로 쉽게 되진 않는다는 현실을 느낀 순간 이였다.

지나온 시간이 부메랑처럼

5년전 코로나로 모든 일상이 멈췄던 어느 날, 전화 한 통이 걸려왔다. 군부대에서였다.

"장병들에게 긍정 에너지를 전할 수 있는 영상을 만들어 주실 수 있을까요?"

"그런데 군비가 넉넉하지 않아 재능기부로 부탁드립니다."

"죄송하지만 부탁드립니다."

너무 간절한 대령님의 목소리에 나는 망설이지 않았다. 나는 늘 군을 응원 해왔고, 그 마음을 표현할 수 있는 기회였으니까. 영상에는 내 진심을 꾹꾹 눌러 담았다. 며칠 후, 감사 인사와 함께 이런 말이 도착했다.

"이 은혜, 꼭 갚겠습니다."

그리고 5년이 흘렀다. 그 때의 목소리가 다시 들려왔다.

"지금은 제가 부대의 지휘관이 됐습니다. 꼭 모시고 싶습니다."

사실 코로나가 지나고 일이 될만하면 생각지도 않은 사건 사고들로 계속 취소가 되어 마음이 지칠데로 지쳐 있을 때였는데 내가 보낸 5년전 가음이 이렇게 돌아올 줄은 꿈에도 몰랐다.

그 순간, 하나의 진리가 가슴 깊이 새겨졌다.

'진심은 결국 돌아온다.'

나는 2기갑여단 장교들 앞에 섰다. 난 최선을 다해 열강을 했다. 긍정 에너지를 주기 위해 간 자리였지만 청중이 훌륭해서 얼마나 경청을 잘 하던지 얼마나 소중하고 귀한 분들이기에 강의를 마치고 한 명 한 명 눈을 마주치며 악수를 했다. 돌아오는 길에 오히려 내가 더 긍정에너지를 받은 듯 했다. 그래서 나는 오늘도 다짐한다.

『하루하루를 정성껏 살자고.
내게 주어진 시간에 마음을 다하자고.
보답을 바라지 않아도 기적은 거창한 것이 아니다.
어느 날, 돌아오는 문자와 한 통의 전화.
그게 바로, 진심의 부메랑이다.』

내 안에 나를 깨우는 순간
세상도 나를 다시 본다.

귀한 선물처럼 날아온 독일 초대장

작년, 백당아트갤러리에 독일인 사돈을 모시고 온 한국 가족이 찾아왔다. 사실 나는 그분들을 전혀 알지 못했다. 그들을 모시고 온 분은 KBS 인간극장 5부작(윤화백이 웃던 날 방송)을 보고 감동을 받았다는 하늘물고기 최영숙 작가님이었다.

그 때 나는 사정상 갤러리에 상주할 수 없었고, 그 분들은 두 번이나 허탕을 치고 돌아가야 했다. 세 번째 방문하던 날 그들이 나에게 전화를 걸어왔다. 나는 서둘러 그들을 만나러 갔다. 먼 이곳까지 찾아와 준 마음이 정말 고마워, 나는 플루트 연주로 감사의 마음을 전했다.

그리고 이 공간이 어떻게 지어졌는지, 그리고 아버지의 그림이 어떤 과정을 거쳐 탄생했는지 이야기를 들려주었다.

그림을 감상하던 중 베아라는 이름의 독일인 여성이 감

동의 눈물을 흘렸다. 그 모습을 보는 순간, 나도 모르게 마음속에 결심이 섰다. 이 그림을 선물해야겠다.

평소 아버지께서는

“내 그림의 가치를 알아주는 사람이 주인이다.” 라고 자주 말씀하셨다. 그 날 나는 이 그림의 주인이 바로 이 사람이라는 것을 확신했다. 그리고 곧바로 그 확신이 긍정의 대답으로 돌아왔다. 선물에 감동 받은 독일인 가족은 우리 부녀를 독일로 초청하겠다고 약속했다. 몇 번이나 아버지와 내가 독일에 오기를 바란다고 했지만, 아버지의 건강 때문에 장거리 여행은 사실상 불가능 했다. 그래서 나는 그 약속이 현실이 되기는 어려울 것으로 생각했다.

그러자 그들은 이렇게 말했다.

“두 분이 함께 오시는 건 어렵겠지만, 당신이라도 꼭 오셨으면 합니다.” 그리고는 내게 항공권을 보내주었다.

무려 한 달이라는 시간을 선물하고 싶다며. 그 순간, 나는 마치 드라마 속 주인공이 된 기분이었다.

아니, 평생 한 번쯤 상상 속에서나 가능할 것 같은 일이, 현실에서 나에게 일어나고 있었다. 그 짧은 찰나의 선택이, 나를 지금 이 자리까지 데려올 줄은 진짜 몰랐다.

이곳에서 조차 나는 여전히 꿈을 꾸는 것 같다. 아마도 이것은, 오랫동안 최대한 긍정적인 생각과 말, 그리고 행동으로 살아온 결과로 뜻하지 않은 귀한 선물을 받은 순간일 것이다.

〈2024년 독일인 가족 방문〉

생활 속에 여유의 선율

예전에는 말로만 들었던 유럽인들의 여유를, 지금 나는 직접 경험하고 있다. 독일 가정집에 머물며 보내는 한 달 살이 집 근처 티게른씨 호숫가에는 사람들이 모여 앉아 있다. 평일의 이른 저녁, 그들은 일을 마치고 누군가는 책을 읽고, 누군가는 음료를 들며 대화를 나누고, 또 다른 이는 눈을 감고 고요히 일광욕을 즐긴다. 그 평온한 장면은 마치 오케스트라의 잔잔한 아다지오처럼 느껴진다.

나는 그 풍경을 바라보며 문득 깨닫는다.

이곳 사람들에게 여유란 '특별한 시간'이 아니라 '생활의 한 부분'이라는 것을.

부러움과 동시에 나 또한 이제부터는 내 삶의 리듬을 조금 더 느리게, 그러나 더 깊게 연주하고 싶다는 마음속 다짐이 생긴다.

삶은 빠른 템포의 알레그로만으로는 오래 이어갈 수 없다. 때로는 템포를 늦추어 안단테처럼 걸어가야 하고, 느린 선율 속에서만 들리는 내면의 소리를 들어야 한다.

햇살을 맞으며, 책장을 넘기며, 잔잔히 음료를 마시는 그 순간이야말로 인생의 조율이 되는 시간이다.

여유 그것은 내 안의 나를 다시 맑게 조율하는 쉼표 같은 순간이다. 그 쉼표 덕분에 내 에너지는 더 풍성해지고, 더 깊은 울림을 가진다. 호수 위에 부드럽게 흐르는 바람처럼, 햇살 속에 부드럽게 들리는 음악 선율처럼, 삶 속에 작은 쉼을 품어보려 한다. 그 순간이야말로 나를 다시 찾는 시간, 그리고 또 다른 에너지를 얻는 시간일 테니까.

〈독일 티게른시 호숫가의 오후〉

삶은 도토리묵처럼

내 독일 친구 베아는 도토리묵을 좋아한다.

한국에 있을 때 언젠가 한 번쯤 만들어봐야지 했지만, 늘 바쁘다는 이유로 미뤄왔다. 그런데 지금, 독일에 와서 친구 집에 머물며 이런 생각이 들었다.

"내 친구를 위해 내가 직접 뭔가를 해주고 싶다."

그렇게 나는 도토리묵을 만들기 시작했다.

도토리묵은 패스트푸드가 아니다.

기다림이 필요한 음식이다. 묵 가루에 물을 붓고, 불 위에서 천천히 저어주어야 한다. 급하게 하려 들면 묵은 덩어리져 버리고, 원하는 모양이 되지 않는다. 묵을 부드럽고 매끄럽게 만들려면, 단순하지만 지루한 동작을 반복하며 인내해야 한다.

묵을 저으며 문득 이런 생각이 들었다.

"삶도 이와 같지 않을까?"

요즘 우리는 너무 빠른 결과를 원한다.

빨리 배우고, 빨리 성공하고, 빨리 인정받고 싶어 한다. 하지만 그렇게 조급하게 살다 보면, 오히려 삶이 덩어리져 버린다.

어쩌면 우리가 해야 할 일은, 불 앞에서 도토리묵을 저어가듯 천천히, 꾸준히, 인내하며 살아가는게 아닐까? 그렇게 시간을 들이고 정성을 쏟아야 삶도 부드럽고 단단하게 굳어간다.

도토리묵을 만들면서 가만히 내 삶을 되돌아보는 시간을 가졌다

과거는 흘러 갔지만
거기에서 얻은 깨달음은
나를 계속 앞으로 밀어준다.

2. 나를 마주하는 시간

거울 속 나에게

거울 속에 비친 나를 보며 묻는다.
너, 누구니? 대체 뭐길래 이렇게 열심히 살아?
뭐가 되고 싶은데 그렇게 애쓰는 거야?
참, 욕심도 많다 너.

하지만 사실, 나 참 단순해.
영원히 살 것처럼 꿈을 꾸고 지금 당장 죽을 것처럼 오늘을 살아.

이 순간, 너무도 소중하잖아.
한 번뿐인 내 인생, 누가 대신 살아줄 것도 아닌데,
뭘 그리 고민하니?

그냥 마음 가는 대로 살아.

내가 나에게 건넨 첫 번째 응원

내 마음을 하나씩, 아주 조심스레 들여다보며 회복해 가기 시작했다. 그 과정에서 내가 알게 된 단순한 진실이 있다.

'이 세상의 주체는 바로 나 자신' 이라는 것.

내가 웃어야 세상도 좋아 보였고, 내가 에너지를 가질 때 비로소 무언가를 할 수 있었다. 누구도 대신해줄 수 없는, 그러나 누구나 자신 안에 가지고 있는 진리였다.

나는 목적과 목표가 같다

내가 사는 이유는 명확하다.

"한 번 뿐인 인생, 숨 쉬는 그날까지 후회 없이 살자."

그게 나의 목적이자, 목표다.

내가 긍정 캠페인을 하는 이유도 단순하다.

세상은 나 혼자 살 수 없기 때문이다.
그렇다면 어떻게 하면 '함께' 행복해질 수 있을까?
그 질문이 나의 실천을 이끈다.

먼저 내 동네, 그리고 내 지역,
더 나아가 지구촌까지 꿈꾼다.
어쩌면 거창해 보일지 몰라도,
사실은 아주 작고 단순한 행동에서 시작된다.

나는 에너지를 나누기 위해서
먼저 내 에너지를 체크하고 챙긴다.
긍정은 그냥 생기지 않는다.
마치 악기를 매일 조율하듯,
매일 나의 내면을 들여다보고 다시 세팅한다.

지금, 이 순간이 고맙고, 감사하기에
나는 오늘도 내가 가진 최선의 긍정 에너지를
누군가에게 조심스레, 그러나 확실하게 건네어 본다.

아는 만큼 보인다

"아는 만큼 보인다." 참 공감되는 말이다.

우리는 결국 자신이 알고 있는 정보와 경험의 틀 안에서 세상을 바라볼 수 밖에 없다. 그래서 때론 좁은 시선으로 판단하고, 한정된 이해로 선택하곤 한다.

하지만 참 신기한 건 어느 순간 문득 깨달음을 얻게 될 때인 것 같다. 깨달음이 하나씩 더해질수록, 과거의 나를 돌아보게 된다.

"그때 왜 그렇게 행동했을까?"

"조금 더 일찍 알았더라면, 그 실수를 하지 않았을 텐데…" 그런 생각이 마음속에 스쳐 지나간다

기준을 바꾸면 인생이 바뀐다

살아가는 동안 우리는 끊임없이 선택한다. 그 선택의 바탕에는 언제나 '기준'이 있다. 내 삶의 기준은 무엇인지,

어떤 가치를 중심에 두고 사는지에 따라 생활의 질은 천차만별로 달라진다.

나는 한 때, 내가 가진 기준이 전부인 줄 알았다.

그것이 정답이라 믿고, 다른 가능성을 생각하지도 않았다. 그러나 세상을 조금 더 알게 되고, 더 넓은 시야를 가진 사람들을 만날수록 깨닫게 되었다. 내 삶의 질을 결정하는 건 세상이 아니라, 내가 세운 기준이라는 사실을.

그저 그렇게 살아가고 싶다면 그저 그렇게 살아도 된다. 하지만 더 풍요롭고, 더 나은 세상을 꿈꾼다면 지금의 삶을 다시 들여다보아야 한다.

'나는 지금 제대로 살고 있는가?' 라는 물음은, 삶을 바꾸는 출발점이 된다.

나 자신을 알자!

이제 쉰 살. 나이를 돌아보며 나는 완벽해지려는 욕심보다는 그저 더 이상 큰 실수를 하지 않고 싶다는 바람을 품게 된다. 누구도 완벽하지 않다는 사실은 알고 있지만,

그래도 나이에 걸맞은 사람, 삶을 조금 더 성숙하게 살아내는 내가 되고 싶다. 그러나 여전히 모르는 것이 많다. 몰라서 실수하는 순간도 많다. 그래서일까, 나는 오히려 더 서둘러 경험하고 싶다.

시행착오 속에서 빠르게 배우고, 그 깨달음을 나의 삶에 새기고 싶다. 조금 더 완성된, 조금 더 성숙한 나 자신을

만나고 싶기 때문이다.

소크라테스가 말한 '너 자신을 알라'는 문장은 요즘 내 삶의 큰 화두다.

내 안의 천사와 악마

내 안에는 천사와 악마, 긍정과 부정이 공존하고 있었다. 우울증의 늪에서 빠져나오던 그 순간, 나는 확실히 깨달았다. 삶의 해석은 선택이며, 어떤 상황이든 빠져나오는 힘은 '긍정'에 있다는 것을.

그래서 나는 결심했다.

긍정을 나의 삶의 전환기로 삼자.

사람들에게 긍정을 전하고자 했지만, 그 과정에서 오히려 나 자신에게 긍정을 외치며 어느새 나도 모르게 긍정적인 사람으로 변해가고 있음을 느꼈다.

어제보다 나은 오늘, 오늘보다 더 나을 내일을

나를 믿는 연습

누군가의 인정, 작은 응원, 따뜻한 관심에 목이 말라 있었다.

“잘하고 있어요.”

“당신 멋져요.” 그런 한마디가 내겐 큰 위로가 되었다.

그러다 어느 날, 문득 이런 생각이 들었다.

“누군가가 나를 알아 주지 않아도, 내가 나를 먼저 알아 줄 수 있지 않을까?”

하루를 마친 밤이면, 나에게 말을 건넸다.

“오늘도 수고했어, 충분히 잘하고 있어.”

긍정적인 생활습관

첫번째, 아침에 눈을 떠 생각하는 긍정의 습관

"야호~~ 살았다!" "오늘도 살았으니 오늘도 맘껏 누려보자!" 라는 마음 다짐 긍정습관 다지기

두번째, "모든것이 내꺼다!" 라고 생각하는 여유 있는 마음 나누고, 베풀자 라는 마음 갖음!

세번째, 간절함과 진심

"오늘이 마지막 이다" 더 간절하게 더 절박하게 모든 것에 진심으로 대하는 습관

네번째, 맘껏 꿈꾸기!

영원히 살 것 처럼 꿈꾸고, 하나씩 해결해 가고 그 과정을 즐기기

다섯번째, 상처받지 말기

누군가에게 상처 받지 말고 나 자신을 계속 다독여 주고 좋은 사람 만나려거든 나 부터 좋은 사람 되기

"당신은 지금 이대로도 충분히 괜찮은 사람입니다.
실수는 결코 부족함이 아니라, 당신의 성장을 위한 시간이에요.
그러니 너무 조급해하지 마세요.
조용히, 그러나 꾸준히 자신을 믿고,
자신을 따뜻하게 안아주세요."

사람은 누구나 존중받아야 할 존재

나는 사람을 만날 때마다 늘 이렇게 생각한다.

'이분의 좋은 점은 무엇일까? 무엇을 배우게 될까?'

이 세상에 완벽한 사람은 없다.

그러나 누구에게나 반드시 배울 점은 있다.

특히 나는 연세 많으신 어르신들을 더 존경하는 마음으로 뵈려고 노력한다. 그 분들은 나보다 더 많은 인생을 살아오셨고, 때로는 실패와 아픔, 그리고 숱한 경험을 통해 나보다 깊은 지혜를 지니고 계시기 때문이다.

그래서 나는 나보다 나이가 많고 경험이 많은 분들의 말씀을 더 주의 깊게 듣고, 마음에 새기려 한다.

왜냐하면 사람은 누구나 존중받아야 할 존재이기 때문이다.

기회를 만드는 사람의 자세

기다리는 것에만 익숙해졌을 때, 우리는 어느새 기회가 멀리 있다고 믿게 된다. 그러나 진짜 기회는 준비된 사람 곁에, 움직이는 사람 앞에 머문다.

나는 어느 날 문득 깨달았다. 기다림은 언젠가 끝이 나지만, 움직임은 오늘을 바꾸고 내일을 만든다.

그래서 나는 선택했다.

기다림의 끝에서 멈추는 사람이 아니라 기회의 시작을 스스로 만들어가는 사람이 되기로.

실수라는 이름의 선물, 성장이라는 이름의 길

아침의 분주함 속에서 나는 또 수많은 선택의 갈림길에 선다. 잠시 머뭇거리다가

"이쪽이 더 빠를까?"

"저렇게 하면 더 나을까?"

순간순간의 고민 속에서, 나도 모르게 허둥지둥 하루를 시작한다. 그런데 문득, 이런 생각이 스쳤다. 손흥민 선수가 그 짧은 찰나에 공을 넣기까지, 얼마나 많은 반복과 실수를 겪었을까? 그의 '본능' 은 사실 땀과 실수의 산물은 아니었을까? 그런데 더 중요한 건 그 실수의 순간을 탓하며 멈추는 것이 아니라, 그 안에서 배우고 한발 더 나아가는 나를 믿는 것이다.

실수는 부끄러운 것이 아니다. 또 다른 방향을 모색하게 하는 기회의 문이다.

하나의 작품이 되기까지

어릴 적, 아버지의 화실에 간 기억이 있다.

커다란 화선지 위에 무언가를 그리고 계셨지만, 어린 나는 속으로 생각했다.

"도대체 저렇게 큰 화선지에 뭘 하시려는 걸까?"

그로부터 몇 달이 흘렀다. 어느 정도 윤곽이 드러났을 즈음, 그래도 여전히 반신반의 했다.

"저게 뭘까?" 하는 의문은 계속됐다.

그리고 한참 후, 드디어 완성된 그 큰 그림을 보게 되었다. "와… 이렇게 멋진 작품이었구나."

그제야 깨달았다. 아버지는 이 그림 하나를 완성하기 위해 얼마나 오랜 시간 집중하셨던가를…

그 기억이 내 안에 깊이 남아 있다. 살면서 나도 내 일할 때면 어디에선가 들려오던 말이 들린다.

"그건 돈도 안 되는 일인데 왜 하니?"

"도대체 뭘 하려고 그러는 거야?"
수 없이 많은 말을 들었다. 그럴 때마다 나는 아버지의 그림을 떠올렸다. 사람들은 처음엔 이해하지 못한다. 중간쯤 가면 의심한다. 하지만 완성된 결과물을 보면 그제야 고개를 끄덕인다.
"아, 이걸 하려고 그랬구나" 하고.

나는 안다.
내가 하고자 하는 일의 가치와 목적을.
남들이 알아주기 전에도 나는 내가 가야 할 길을 알고 있다.

그래서 지금도 다짐한다.
인내와 끈기로,
진심으로,
일관성 있게 나아가자.

결국 시간은 말해줄 테니까.
그 모든 과정이 결실로 이어지는 날이 분명히 올 테니까

버티는 힘이 기적을 만든다

살다 보면 누구에게나 견뎌야 하는 시간이 찾아옵니다.

아무리 노력해도 결과가 보이지 않고, 앞길이 캄캄할 때가 있죠. 그럴 때 우리는 흔들립니다. 이 길이 맞는 걸까? 계속 해야 할까? 두려움은 점점 커지고, 남들의 평가와 시선은 우리를 더 작게 만듭니다.

하지만 그 순간, 가장 중요한 건 포기하지 않는 마음입니다. 그냥 버티는 것이 아니라, 노력하면서 버티는 것. 어제보다 나은 오늘을 살고, 오늘보다 더 나은 내일을 꿈꾸는 것. 그렇게 하루하루 버티다 보면, 어느 순간 기회가 찾아옵니다.

저도 그랬습니다. 독일에 가기 전까지 저는 정말 치열하게 버텼습니다. 너무 힘들어서 모든 걸 내려놓고 싶었던 순간도 있었어요. 하지만 마음 한켠에 남아 있던 '긍정'

이라는 작은 불씨 덕분에 끝까지 포기하지 않았습니다.

그 결과, 지금 저는 기적처럼 주어진 한 달간의 여행을 하고 있습니다. 기다리던 그 '때'는 결국 옵니다. 그리고 그 때는 지금이라는 사실을 깨닫게 됩니다.

여기서 중요한 메시지는 이것입니다. 기적은 갑자기 오지 않습니다. 오랜 버팀 끝에, 포기하지 않은 사람에게만 찾아옵니다. 남들에게 보여주기 위한 버팀이 아니라, 나 자신을 인정하고 성장하기 위한 버팀. 그것이 진짜 힘입니다.

오늘도 저는 알고 있습니다. 남들이 알기 전에 준비하고 있는 멋진 나 자신을요. 그래서 오늘도, 내일도, 기분 좋게 버팁니다. 끝까지 살아내는 것, 그것이 인생입니다.

당신도 버티고 있다면 기억하세요. 지금의 시간은 전혀 헛되지 않습니다. 버티는 힘이, 언젠가 당신의 기적을 만듭니다.

한 가닥 희망

너무 힘들어서, 정말 그만하고 싶을 때가 있다.

모든 걸 포기하고 싶던 순간에도 이상하게 '아주 작은 한 가지' 가 마음을 붙잡을 때가 있다. 드라마 무인도의 디바에서 주인공 박목화(박은빈)는 모든 걸 포기한 채 바다로 뛰어들었다가 우연히 떠내려온 아이스박스를 발견한다. 그 안에는 유통기한이 한참 지난 라면이 들어 있었다. 그 라면을 먹으며, 그녀는 '그래도 살아야겠다' 라고 결심한다. 그 장면을 보며 나도 모르게 울컥했다.

누구나 그런 순간이 있다. 아주 작지만 '살고 싶게 만드는' 무언가. 해보고 싶은 일 한 가지, 힘이 나는 음식 한 입, 생각만 해도 위로가 되는 사람, 가보고 싶은 장소 하나. 이 중 단 하나만 있어도 다시 살아야겠다는 마음이 생긴다.

한 가닥 희망. 오늘, 나의 희망은 뭘까?

미약한 시작이 나를 깨웠다.

처음엔 정말 아무것도 아니었다.
그냥 문득 스쳐 지나간 생각 하나였다.
"피겨 타면서 플루트를 연주해보면… 어떨까?"
그 말도 안 되는 상상이
어떻게 나를 여기까지 데려왔을까.
돌아보면 지금도 신기하다.

처음엔 넘어졌다.
얼음 위에 누운 채 눈물이 돌 때도 있었다.
하지만 이상하게도 그때마다 마음속에서 작은 불씨가 살아났다.
"여니야, 다시 해. 너는 할 수 있어."

그 한마디가

나를 다시 일으켜 세웠다.
그렇게 나는 하루, 또 하루 나를 밀어붙였다.
즐기면서, 울면서, 버티면서, 웃으면서.
꾸준히 하다 보니 깨달았다.
처음엔 보이지 않던 길이
계속 나아가다 보니 어느 순간 눈앞에 나타난다는 걸.
넘어지며 균형을 배웠고,
흔들리며 나만의 답을 찾았고,
반복하다 보니 새로운 방법들이 스스로 떠올랐다.
그건 누가 알려줘서가 아니었다.
그냥 내가
나를 믿고 계속 걸었기 때문에 보인 길이었다.
어느 날, 얼음 위에 남겨진 내 자국들을 바라보며
나는 조용히 중얼거렸다.
"여니야, 너 진짜 여기까지 왔구나."
얼마나 미약하게 시작한 건데.
그런데 지금은 나도 놀랄 만큼 강해져 있었다.
그 작은 한 걸음이
내 안의 잠든 긍정 에너지를 깨웠다.
세상은 말한다.
'작게 시작하면 작게 끝난다'고.

하지만 나는 안다.

작게 시작해도
포기하지 않으면
결과는 전혀 작지 않다는 걸.

더 정확히 말하면,
시작이 미약할수록
성장의 폭은 더 크다.
그걸 내 몸으로, 내 마음으로 다 겪어냈다.

그래서 난 확신한다.
긍정은 나를 살리고,
꾸준함은 나를 키우고,
작은 한 걸음은 나의 미래를 만든다.

그리고 지금도 나는
여전히 진화 중이다.
여전히 성장 중이다.

여전히
내 안의 나를 깨우는 중이다.

한 번 더 일어나려는 마음이
이미 성공의 절반이다.

3. 다시 일어나는 힘

모두의 마음에 들 수는 없지만

우리는 누구나 바란다.

"내 의견을 이야기할 때, 모두가 좋아해 주면 얼마나 좋을까?" 하지만 현실은 그렇지 않다. 심리학자들의 말에 따르면, 내 생각을 이야기하면 20%는 강하게 반대하고, 20%는 찬성하며, 나머지 60%는 무관심하거나 중립적이라고 한다. 이 사실을 머리로는 이해하지만, 마음은 쉽지 않다.

솔직히 말하면, 나는 상처를 잘 받는 편이다.

내가 옳다고 믿고 행동한 일, 용기 내어 꺼낸 말이 누군가에게 거부당하거나, 심지어 직설적인 부정의 말을 들을 때 나는 괜찮은 척 웃지만, 속으로는 마음이 쓰리다.

"내가 뭘 잘못했나?"

"그냥 말하지 말걸 그랬나?" 이런 생각이 꼬리를 문다.

그럴 때마다 떠오르는 책 제목이 있다.

[미움을 참아내는 용기]

이 책 제목처럼, 미움을 받는 건 절대 편안하지 않다.

누군가의 부정적인 말은 칼날처럼 마음을 베기도 한다. 하지만 중요한 건, 그 칼날에 맞고 쓰러진 채로 멈추지 않는 것이다.

나는 이런 생각을 했다.

"모두를 만족시킬 수는 없다. 하지만 나만은 만족시킬 수 있지 않을까?"

내 정체성과 진정성을 지키는 길을 가는 것. 지금은 누군가의 반대에 마음이 무너질지 몰라도, 시간이 지나면 내 진심이 통할 거라고 믿는다.

그리고 중요한 건, 부정적인 말에 상처를 입었을 때 그 자리에 머물지 않는 것이다. 마음이 아픈 건 자연스럽다. 하지만 거기에 오래 머무르면 내 빛이 흐려진다. 그때 필요한 건 스스로 건네는 한마디다.

"괜찮아, 너는 너의 길을 가면 돼."

긍정은 타고나는 게 아니라, 자꾸 나 자신을 일으켜 세우는 습관에서 온다.

다시 상처받지 않겠다고 다짐하는 게 아니라 상처받아도 다시 일어날 힘을 기르는 것. 그 힘은 내가 진짜 원하는 삶을 향해 꾸준히 걸어가는 데서 자란다.

결국, 세상이 나를 사랑하게 하는 게 목적이 아니라,

내가 나를 사랑하며 살아가는 것이 목적이니까.

오늘도 나는 나에게 속삭인다.

"괜찮아. 모두에게 사랑받을 필요는 없어. 내 진심이 결국 너를 빛나게 할 거야."

이런 날이 올 줄이야!

글로벌 가수 싸이의 노래처럼
'이런 날이 올 줄이야' 라는 말이 이토록 진하게 다가온 날은 처음이었다. 고등학교 시절, 전교 꼴등에 기초학력 부족, 노력조차 하지 않았던, 형편없는 성적표와 생활기록부. 세상에서 가장 별 볼 일 없었던 내가 지금은 그 학교의 후배들에게 꿈을 이야기하고, 진로를 전하는 강연자가 되어 무대에 서 있다.

30년 전에는 상상조차 못 했던 오늘. 그 땐 그저 그럭저럭 살아가기 바빴던 나에게 이런 날이 올 줄이야…
이 노래 가사처럼 지금의 나는 그날을 살아내고 있다.

그 시절, 내가 그냥 포기했다면 지금 이 자리에 설 수 없었을 것이다. 그래도 살아내서, 그래도 다시 일어나서 참 다행이고 또 다행이다. 그리고 나는 또 노래한다.
"이런 날이 올 줄이야!"

영원히 살 것처럼 꿈꾸고
지금 당장 죽을 것처럼 산다

많은 사람이 나에게 묻는다.
"어쩜 그렇게 열심히 살 수 있어요?"
나는 웃으며 대답한다.
"저는요, 영원히 살 것처럼 꿈꾸고, 지금 당장 죽을 것처럼 살아요."
이건 단지 멋진 말이 아니다. 정말 나의 삶의 방식이다.
사실 나도 처음부터 이런 사람이 아니었다. 살아오며 크고 작은 수많은 사건이 내 앞에 찾아왔다. 때로는 너무 아파서, 지쳐서 포기하고 싶었던 순간들도 많았다.

하지만 다행히도, 내 안에는 '긍정'이라는 에너지가 있었다. 그 에너지가 나를 다시 일으켜 세웠고, 넘어질 때마다 나는 조금씩 삶을 깨달아갔다.

"결국은 다 죽는구나. 어차피 한 번뿐인 인생,
정말 후회 없이 살아보자." 그렇게 마음을 다잡았다.

내 삶을 선택할 수 있는 가장 강력한 에너지는
'긍정' 이라는 것을 나는 확신한다.
그래서 어떤 상황이 오더라도 나는 언제나 최선의 방법을 선택하려고 노력한다. 그게 바로 나만의 삶의 비법이다.

지금도 여전히 떨리고, 무섭고, 두려울 때가 많다.
하지만 그 두려움을 용기로 바꾸는 연습을 한다.
무슨 일이든 도전한다. 물론 시작은 항상 어렵다. 사람들의 조롱도 있다. 하지만 나는 내가 믿는 마음을 따라간다. 후회하느니 도전 해보고 부딪쳐 보는 편이 낫다. 안 되면 그때 가서 멈추면 된다. 늦지 않다.

어린 시절 친구 하나 없던 내가
이제는 전 세계에 친구를 만들고 싶어졌다. 그래서 50살이 된 지금, 나는 결심했다.
"대한민국 민간 외교아티스트가 되자."
나는 세계를 향해 한 발, 또 한 발 나아가려 한다.
해외에 있는 동포들을 만나
"고향 사람이 왔어요" 하고 인사하고, 그들의 외로움과 고단함을 위로해주고 싶다.
그리고 외국인들에게는 말하고 싶다.

대한민국은 위기에 강하고, 놀라운 창의력을 가진 사람들이 살아가는 나라라고. 우리는 자부심을 가질 만한 역사와 문화, 그리고 저력을 가지고 있는 국민을 가진 나라라고.

문화의 힘은 강하다는 것을.

그 중심에 K-문화가 있고, 그 힘이 K-경제로 이어질 수 있다는 것을.

나는 그런 대한민국의 품격을 세계에 알리는

'명품 국민'이 되고 싶다.

진짜 삶의 기술

정보의 홍수 속에서, 나는 종종 무엇부터 해야 할지 몰라 길을 잃는다. 차라리 모르면 속이라도 편할 텐데, 세상과 단절되어 살 수는 없지 않은가. 시대에 뒤처지지 않으려면 최소한의 정보라도 알고 있어야 함께 발맞출 수 있을 테니, 이리저리 기웃거리며 많은 것을 접해본다.

새로운 기술, 정보, 신조어, 대중가요, 요즘 트렌드까지… SNS로 소통도 해야 하니 하루가 참 바쁘다. 페이스북, 인스타그램, 카카오톡, 문자… 답장을 다 챙기지 못할 때도 많다. 가족도 챙겨야 하고, 오프라인과 온라인 사이에서 인간관계도 이어가야 한다.

지금의 플루트와 피겨 실력을 유지하거나 더 발전시키기 위해선 묵묵히 연습해야 하고, 세계 최초 '피겨 플루티스트'로서 해외 진출을 꿈꾸며 영어 공부도 계속해야 한다.

강의도 해야 하니 책과 정보를 더 깊이 있게 파악해야 하고, SNS 영상도 기획하고 편집해서 올려야 한다.

"모든 걸 내려놓으면 편할까?"

예전에 우울증으로 모든 걸 놓아봤던 적이 있어, 다시 그러고 싶지는 않다. 지금은 알차게 시간을 써보려 한다. 후회 없는 '시(時)테크'를 하는 중이다.

내가 선택한 일들, 그리고 그것에 몰입할 수 있는 시간을 확보하는 것. 하지만 가장 큰 복병은 '내가 계획하지 않은 주변의 긴급 상황들' 시간이 어그러지면 일이 밀리고, 그게 반복되면 심리적 압박도 따라온다.

그래도 생각해 본다. 이 또한 유연하게, 지혜롭게 헤쳐 나가는 '위기 대응 능력'의 일부 아닐까? 계획과 흐름이 휘청일 때조차도 마치 파도를 타듯, 그 순간을 즐기며 살아가는 것. 그것이 진짜 삶의 기술이지 않을까 싶다.

살면서 생각나는 사람들

인간은 완벽할 수 없기에
좋은 사람이 되려고 노력하고
최대한 실수를 안 하려고 노력하고
살아보려고 또 노력하고

그럼에도 불구하고
부족한 나를 응원해 주는 고마운 사람
무지함에 실수해서 피해를 준 미안한 사람
생각만 해도 기분이 좋은 사람
생각할수록 기분 나쁜 사람
겪을수록 진국이다 느끼는 사람들이 내 곁에 있어줘서
정말 고맙고 힘이 난다.

함께 사는 세상

혼자서는 살아갈 수 없다.
우리는 함께 살아가는 세상 속에 있다.
그렇다면,
어떻게 하면 지금보다 더 나은 세상이 될 수 있을까?

나는 그 해답을 '내가 할 수 있는 작은 실천'에서 찾는다.
누가 알아주지 않아도, 기억하지 않아도,
오늘도 나는 나만의 긍정 캠페인을 실천한다.

'대한민국 국민'으로서
나는 먼저 멋진 국민이 되고 싶다.
그 열망 하나로,
나부터 시작하는 삶을 선택했다.

개인적으로는
작은 나눔의 기쁨을 실천하며
선한 기부의 힘을 믿는다.
경제적으로는
의미 있는 소비,
작지만 순환되는 소비로
건강한 경제 흐름에 동참한다.
국가적으로는
선진국다운 품위 있는 언행으로
품격 있는 시민의식을 갖추려 노력한다.

세계 속의 대한민국을 위해서는
아날로그의 따뜻함과
디지털의 혁신이 조화를 이루는
멋진 아이디어를 꿈꾼다.

작은 실천 하나하나가
결국은 더 큰 변화의 시작이 될 것이라 믿는다.
혼자서는 어렵지만,
나부터 움직이면
그 울림은 언젠가 사회 전체로 퍼져나갈 것이다.

'빛의 나비' 나비킴 김현정 작가를 만나다.

2002년 월드컵의 주역, 이영표 선수의 강연에 참석하게 되었다.

그의 이야기를 들으며 문득 생각했다.

저분도 그 자리에 서기까지 얼마나 오랜 시간과 노력을 쏟았을까.

그의 한마디 한마디, 표정 하나하나에는 깊은 철학과 진심이 담겨 있었고,

나는 강연 내내 고개를 끄덕이며 마음 깊은 울림을 느꼈다.

강연이 끝난 뒤에도 그 여운이 쉽게 가시지 않았다.

차로 이동하시는 길까지 따라가 감사의 인사를 전했다.

짧은 인사였지만 마음은 진심으로 가득했다.

그 때, 나처럼 감동을 받은 또 한 사람이 있었다.

우연히 눈이 마주쳤고, 자연스레 대화가 시작되었다.
우리는 오늘의 강연에서 느낀 감정과 생각을 나누며
한 시간 넘게 깊은 이야기를 이어갔다.

그 분은 바로 '빛의나비'를 그리는 나비킴 김현정(Navikim) 작가님이었다.
처음 뵈었지만 오래전부터 알고 지낸 사람처럼 따뜻하고 편안했다.
조용하면서도 맑은 에너지를 지닌 그분의 인품이 단번에 느껴졌다.
우리는 서로의 만남을 감사히 여기며 손을 맞잡았다.

며칠 뒤, 작가님께 전시회 초대를 받았다.
전시장에 들어서는 순간, 작품 하나하나에서 '빛의 나비'들이 살아 숨 쉬는 듯한 기운이 느껴졌다.
그 감동이 너무 커서 나도 모르게 플루트를 꺼내 즉흥연주를 시작했다.
마침 노란 옷을 입고 있었던 나는 인라인을 타고
마치 노란 나비가 날아다니듯 전시장 안을 누비며 연주를 이어갔다.
그 순간, 작품 속 나비들과 내가 하나가 된 듯
자유롭고 벅찬 감정이 밀려왔다.

연주가 끝나자, 나비킴 작가님이 활짝 미소 지으며 말했다.

"여니님, 그 연주 속에서 제 그림의 빛이 숨을 쉬는 것 같았어요.

음악과 빛이 만나 서로의 호흡을 이어가네요.

우리, 세상을 밝히는 예술로 함께해요."

그 날 이후, 우리는 서로의 예술 속에서

'빛' 이라는 공통된 언어를 발견했다.

그림과 음악, 표현의 방식은 달라도

결국 마음을 밝히는 같은 에너지였다.

살다 보면, 이렇게 예상치 못한 순간

빛처럼 다가와 마음을 밝혀주는 귀한 인연을 만날 때가 있다.

그리고 그 만남이 인생의 또 다른 아름다운 장이 된다.

〈2025년 5월 한국교원대 교육박물관에서 나비킴 김현정 작가님의 개인전〉

나를 다시 일으켜 세운 노래들 1
'강산에 〈넌 할 수 있어〉'

어린 시절 가난이 너무 싫었다.
나의 처지가 너무 싫었다.
그래서일까, 마음속에 늘 적이 있었다.
방황하며 이리저리 갈피를 잡지 못하던 그 시절,
우연히 강산에의 노래 〈넌 할 수 있어〉를 듣게 되었다.

「후회하고 있다면 깨끗이 잊어버려
가위로 오려낸 것처럼 다 지난 일이야
후회하지 않는다면 소중하게 간직해
언젠가 웃으며 말할 수 있을 때 까지…」
「너를 둘러싼 그 모든 이유가
견딜 수 없이 너무 힘들다 해도
너라면 할 수 있을거야

할 수가 있어
그게 바로 너야
굴하지 않는 보석 같은 마음 있으니」

이 노래를 따라 부르며 얼마나 울고 또 울었는지 모른다. 노랫말 하나하나가 내 마음을 붙잡고
"그래, 너는 다시 할 수 있어" 라고
속삭이는 듯했다.

나는 스스로에게 다짐 했다.

가위로 잘라내듯 지난 아픔을 오려내고 다시 시작하자고

그 노래는 내 안의 작은 불씨를 다시 피워준 기적 같은 위로였다.

지금도 그 노래를 들으면
그 때의 눈물, 그때의 다짐이 고스란히 되살아나 가슴이 뭉클해진다

나를 다시 일으켜 세운 노래들 2
'거위의 꿈, 나의 응원가'

참 서러운 적이 많았다.

세상은 "창의적으로 살아라" 말하면서도 막상 내가 도전하면 "그건 이상한 길이야" 라며 고개를 저었다.

나는 할 수 있다고 믿었지만, 주변은 "하지 마라, 힘들다, 그건 현실적이지 않다" 는 말들로 나를 감쌌다.

그럴 때마다 나는 외로웠다. 그러나 그 외로움 속에서도 나를 지탱해준 노래가 있었다.

바로 〈거위의 꿈〉.

나는 매일 그 가사를 되뇌었다.

"언젠가 그 벽을 넘고서 저 하늘을 높이 날 수 있다…" 그 한 줄이 내 영혼을 깨웠다.

눈물이 쏟아져도, 마음이 무너져도 그 노래를 따라 부르며 내 안의 긍정 에너지를 일으켰다.
세상이 "불가능" 이라 말할 때 나는 그 노래로 나 자신에게 속삭였다.
"괜찮아, 여니야. 네 날개는 아직 있어."

그리고 정말로, 언젠가 웃을 그날이 왔다.
수많은 벽을 넘어, 나만의 무대 위에서 플루트와 피겨를 함께 연주하는 나를 보았다. 그 때 나는 알았다.
이 노래는 단지 꿈의 노래가 아니라
내 삶의 선언문이었다는 것을.

〈거위의 꿈〉은 지금도 내 마음의 중심에서 흐른다.
넘어질 때 마다, 주저앉을 때 마다 다시 나를 일으켜 세우는 긍정의 선율이 되어.
「난 난 꿈이 있었죠
버려지고 찢겨 남루하여도
내 가슴 깊숙이 보물과 같이 간직했던 꿈
혹 때론 누군가가 뜻 모를 비웃음
내 등 뒤에 흘릴 때도 난 참아야 했죠
참을 수 있었죠 그 날을 위해
늘 걱정하듯 말하죠 헛된 꿈은 독이라고
세상은 끝이 정해진 책처럼
이미 돌이킬 수 없는 현실이라고

그래요 난 난 꿈이 있어요
그 꿈을 믿어요 나를 지켜봐요
저 차갑게 서 있는 운명이란 벽앞에
당당히 마주칠 수 있어요
언젠가 난 그 벽을 넘고서
저 하늘을 높이 날을 수 있어요
이 무거운 세상도 나를 묶을 순 없죠
내 삶의 끝에서
나 웃을 그 날을 함께해요.」

나를 다시 일으켜 세운 노래들 3
엄정화 〈Festival〉

이제는 웃는 거야 Smile again
행복한 순간이야 Happy days

움츠린 어깨를 펴고
세상 속 힘든 일들 모두 지워버려

슬픔은 잊는 거야 Never cry
뜨거운 태양 아래 Sunny days
언제나 좋은 일들만 가득하기를 바라면 돼

조금 낮추어 돌아봐
삶이 무거울 때
아무 말 없이 달리고만 있는

많은 사람들
라라라 Smile again 라라라 Happy days

커다란 하늘처럼
더 크게 웃고 더 크게 생각하는 거야

눈물은 잊는 거야 Never cry
푸르른 햇살처럼 Sunshine days
언제나 좋은 일들만 가득하기를 기도할게

엄정화의 〈Festival〉은
내가 힘들 때마다 불러온 나만의 응원가다.

우리는 모두 태어날 때부터 분명 의미 있는 존재로 태어났을 것이다. 그러나 살아가다 보면 희로애락이 나를 흔들고, 버티기조차 어려운 날도 찾아온다.

그럴 때 나는 이 노래를 들으며 이렇게 말한다.
"그래, 시간이 지나면 이 순간도 지나갈 거야.
나는 다시 웃을 수 있어."

자신을 깨우는 7가지 긍정질문

지금부터 여러분과 제가
함께하는 시간을 갖도록 하겠습니다.
자신을 깨우는 긍정질문 7가지를 드리겠습니다.
여러분들은 옆 예쁜 편지지에
그 답을 써 보세요

지금의 나를 떠올리면,
가장 자랑스러운 순간은 언제였나요?
그 때의 마음을 다시 느껴보세요.
그것이 당신 안의 힘 입니다

갑자기 시간과 돈이 충분히 주어진다면,
망설임 없이 무엇을 하겠나요?
그 답 속에 당신이 진정으로 원하는 삶의
방향이 숨어 있습니다.

내가 가진 강점은 무엇이며,
그 강점을 세상에 어떻게 빛내고 싶은가요?
나의 재능이 다른 사람에게 긍정의 에너지가
되는 순간을 그려보세요.

내가 부족하다고 느끼는 부분을
'성장할 기회'로 바꾼다면,
어떤 시도를 해보고 싶나요?

마음이 무너질 때, 나를 다시 일으켜 세우는
나만의 '작은 행복 버튼'은 무엇인가요?
음악, 향기, 장소, 사람
단 하나라도 괜찮아요.

"그래, 이건 정말 잘했어." 라고
스스로를 칭찬하고 싶은 일은 무엇 인가요?
그 기억은 당신의 자신감을 되살리는
가장 좋은 약입니다.

어떤 일을 할 때
시간 가는 줄 모르게 몰입하나요?
그 순간 당신의 영혼은
'나답게 빛나고' 있습니다.

에필로그

에필로그

솔직히 말하면, 내가 책을 쓰게 될 줄은 꿈에도 몰랐다. 누군가 "책을 써보라" 고 권할 때마다 나는 웃으며 대답했다.

"저 글 못 써요. 책은 아무나 쓰나요?"

그런데 인생은 언제나 예상치 못한 길로 나를 데려다 놓곤 한다. 이제 와 돌아보면, 그 모든 길 위에는 한 가지 이유가 있었다. '긍정을 전하고 싶다' 는 마음.

절망의 끝에서 내가 붙잡은 건 희망이 아니라 '긍정' 이었다. 그 작은 믿음이 나를 일으켰고 결국 상상도 못한 기적을 만나게 했다. 그래서 나는 스스로를 '긍정재벌' 이라 부른다.

넘어진 자리마다 긍정을 심으며 다시 일어서는 힘을 길러왔기 때문이다.

이제 나는 쉰 살, 인생의 절반을 건너온 시간 앞에 서 있다. 그 길이 평탄하지는 않았다. 수 많은 굴곡과 고통, 그리고 회복의 순간들이 파도처럼 밀려왔다.

하지만 그 모든 순간이 내게 가르쳐준 건 하나였다.

좋은 일은 추억으로, 나쁜 일은 경험으로 남는다.

그렇게 나는 다시, 제2의 인생을 살아가고 있다.

누구에게나 내면 깊숙이 또 다른 '나' 가 있다. 그 안에는 아직 깨어나지 못한 잠재력이라는 보물섬이 숨 쉬고 있다. 그 보물을 찾아내는 일은 그 누구도 대신해줄 수 없는 오직 나만의 여정이다.

세상이 빠르게 변할수록 진짜 경쟁력은 '나 자신을 아는 힘' 에서 시작된다. 긍정은 내 생각을 바꾸었고 생각이 바뀌자 행동이 달라졌다. 그리고 행동이 바뀌자 인생이 달라졌다.

나는 여전히 완벽하지 않다. 하지만 매 순간을 배우며 넘어져도 다시 일어나며 조금씩 성장하고 있다는 사실이 나를 단단하게 만든다.

이 책은 그래서 썼다. 이건 나 혼자만의 이야기가 아니다. 당신과 함께 완성하는 공감의 기록이다.

이제 책을 덮는 이 순간 나는 당신이 잠시 걸음을 멈추고 지나온 시간과 지금의 나 그리고 다가올 내일을 천천히 떠올려 보시길 바란다.

그리고 마음속에 조용히 묻는다.

"나는 지금, 진짜 나로 살고 있는가."

그 질문에 솔직히 답할 수 있다면, 당신은 이미 변화의 첫걸음을 내디딘 것이다.

당신 안에는 아직 피어나지 않은 수많은 가능성이 있다.

때로는 고요 속에서, 때로는 눈물 속에서, 그 가능성은 당신을 기다리고 있다.
그리하여 언젠가 당신의 보물섬이 빛을 발하는 순간이 오기를... 이 책이 그 여정의 작은 불씨가 되어 당신의 마음을 따뜻하게 비추길 바란다.

내 안의 나를 깨우는 긍정 에너지.
그것이 나를 살게 했고 이제는 당신에게 건네고 싶은 생명의 숨결이다.

오늘도, 내일도,
당신의 걸음이 조금 더 빛나길 진심으로 응원 합니다

내 안에 나를 깨우는 "긍정 에너지"

초판 발행일 : 2025년 11월 24일
저 자 : 여니윤수연
홍 보 : 김혜진, 공경식
편집/출판/인쇄 : 도서출판 아람인쇄기획
전북 전주시 완산구 서곡3길 4-6(효자동3가)
063-273-9090 / nextgem2007@naver.com
ISBN : 979-11-89482-17-6

03800
9 791189 482176
ISBN 979-11-89482-17-6